Gaymann/Rondot/Steinhilber

Der Daily Lama 2

Der Daily Lama

Wie Sam den Spuren der Inka folgte

Von bunten Ponchos, Lamaspucke und großen Abenteuern

Texte von Sarah Rondot und
Dr. Barbara Steinhilber

Illustrationen von Saskia Gaymann

Bibliografische Information der Deutschen Nationalbibliothek
Die Deutsche Nationalbibliothek verzeichnet diese Publikation in der Deutschen Nationalbibliografie; detaillierte bibliografische Daten sind im Internet über http://dnb.d-nb.de abrufbar. Bei der Herstellung des Werkes haben wir uns zukunftsbewusst für umweltverträgliche und wiederverwertbare Materialien entschieden.
Der Inhalt ist auf elementar chlorfreiem Papier gedruckt.

ISBN 978-3-86216-603-9

www.medhochzwei-verlag.de

Satz: Sabine Brand
Illustration: Saskia Gaymann
Umschlaggestaltung: Sabine Brand
Druck: mediaprint solutions GmbH, Paderborn

Für Otis & Ella & Carlo

Für Theresa

Für meine Mutter

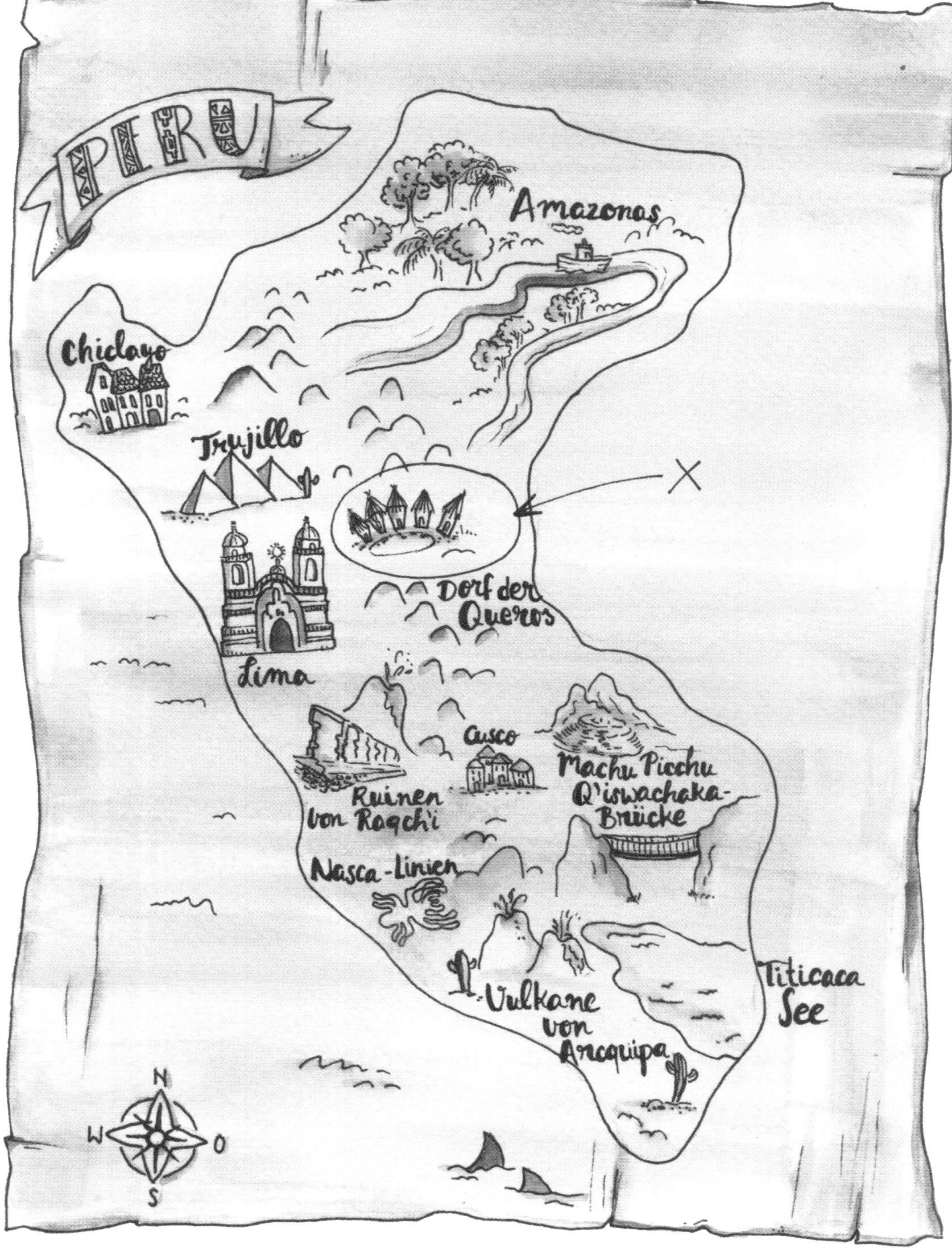

PERU

Amazonas

Chiclayo

Trujillo

Dorf der Queros

Lima

Cusco

Machu Picchu

Q'iswachaka-Brücke

Ruinen von Raqchi

Nasca-Linien

Titicaca See

Vulkane von Arequipa

N

W

O

S

Inhalt

Vorwort

In einem schnelllebigen Alltag mit langen Schultagen und Freizeitstress fällt es Kindern oft sehr schwer, sich auf das Wesentliche zu konzentrieren. Wie soll man sich denn auch in einem voll bepackten Kinderzimmer mit all den vielen Spielsachen auf so etwas Langweiliges wie Hausaufgaben konzentrieren? Wenn dann auch noch das Handy alle paar Minuten piept und man nachschauen muss, weil man sonst Angst hat, etwas zu verpassen, wird das Lernen schwer.

Nicht nur Kinder haben Konzentrationsschwierigkeiten. „Ich kann mich einfach nicht konzentrieren!" Welcher Erwachsener hat das nicht schon einmal entnervt gerufen? Wir alle sind auf der Suche nach Methoden und Tipps, die uns helfen, unsere Konzentration zu stärken.

Das war die Idee hinter dem Buch – wir möchten gestressten Eltern eine kleine Hilfe zur Seite stellen, Kindern aber keine weitere „Aufgabe" aufdrücken, sondern ihnen eine unterhaltsame und spielerische Art anbieten, ihr Konzentrationsvermögen zu verbessern.

Der Daily Lama verrät Sam und den Lesern die nachgewiesenermaßen wirksamsten Strategien, um Konzentration zu erlangen und zu bewahren. Außerdem macht er die Leser mit einer magischen Kraft vertraut, die unsere Konzentration wie von selbst immer wieder füttert und aufrecht hält. Diese Kraft heißt: Motivation. Sie wirkt genau dann, wenn wir neugierig sind und ein Ziel verfolgen, das uns am Herzen liegt.

Vielen Dank an unsere Lektorin Dr. Nadine Feßler. Die Zusammenarbeit mit ihr hat großen Spaß gemacht und gemeinsam sind wir immer auf neue und lustige Einfälle gekommen.

Viel Spaß beim Lesen wünschen

Saskia Gaymann,
Sarah Rondot
und *Barbara Steinhilber*

Wie falsche Lamas, Meerschweinchen und eine peruanische Großfamilie auf mich warteten

„Meine sehr geehrten Damen und Herren, in Kürze landen wir in Cusco, Peru.“ Mein Herz klopfte wie wild, während unter mir die atemberaubende Landschaft immer näher kam. Ich schaute aus dem Fenster und sah den Flügel des Flugzeuges, das sich mit dröhnenden Turbinen langsam absenkte. Karge zerklüftete Berge breiteten sich unter mir aus – das mussten die Anden sein! Wow, die sahen ja noch besser aus als auf den Postkarten, die der Daily Lama mir aus Peru geschickt hatte!

Mama war erst gar nicht begeistert gewesen, dass ich nach Peru fliegen wollte. Ohne den Daily Lama wäre das auch alles nicht passiert! Alles hatte damit angefangen, dass das Lama plötzlich vor unserer Tür stand und sich als Meditationsexperte vorgestellt hatte. Damals fand ich ihn so komisch! Ein riesiges sprechendes Lama mit schiefen Zähnen! Doch wir wurden Freunde und ich habe echt viel von ihm gelernt! Leider hatte er dann schon bald zu seiner nächsten Aufgabe nach Peru aufbrechen müssen. Er hatte Aufträge rund um die Welt! Immer ging es darum, dass er Familien Entspannung beibrachte.

Über Postkarten hatten wir aber regelmäßig Kontakt gehalten. Der Daily Lama hatte mir von einem Mädchen in Peru erzählt, dessen gestressten Eltern er geholfen hatte, ihre fünf Kinder und ihre Arbeit unter einen Hut zu bringen. Das Mädchen hieß Tamia. Den Namen hatte ich davor noch nie gehört! Der Daily Lama hatte mir ihre Telefonnummer geschickt und inzwischen waren wir nun gute Freunde geworden. Sie hat eine deutsche Tante, deswegen war Tamias Deutsch besser als mein Spanisch, puh, was ein Glück!

Tamia hatte mich eingeladen, in den Sommerferien nach Peru zu kommen. Und ich wollte auch den Daily Lama unbedingt wiedersehen! Doch natürlich war Mama absolut dagegen gewesen, mich allein fliegen zu lassen. Glücklicherweise war zu der Zeit die Tante von Tamia gerade in Deutschland zu Besuch gewesen und hatte angeboten, mich auf dem Flug nach Peru zu begleiten. Da hatte Mama nicht mehr Nein sagen können! Mama war einigermaßen beruhigt gewesen, dass ich nicht alleine verreiste. Und die Tatsache, dass Mama nun endlich ihren langersehnten Wellness-Urlaub machen konnte, hatte bestimmt auch zu ihrer Entscheidung beigetragen! Wellness-Urlaub mit Mama ist bei weitem nicht so cool wie allein nach Peru zu fliegen.

Aber umso näher die Landung rückte, desto nervöser wurde ich. Ich bekam langsam auch ein wenig Schiss. Ich war noch nie so lange weg gewesen von Mama, und Tamias Familie kannte ich nicht! Hoffentlich waren die auch so nett wie sie. Ich machte mir Sorgen, doch da erinnerte ich mich, was der Daily Lama mir für solche stressigen Situationen beigebracht hatte. „Nicht ausflippen, einfach atmen, Sam!“, sagte ich laut zu mir selbst, sodass Tamias Tante, die neben mir saß, verwirrt von ihrer Zeitschrift aufblickte. Verlegen lächelte ich zu ihr herüber, dann schloss ich die Augen. Ich atmete zehnmal tief ein und aus. Dann ließ ich mich vorne überhängen. Gar nicht so einfach in einem Flugzeugsitz. Ich baumelte ein bisschen hin und her und spürte, wie die Angst nachließ. Ich richtete mich wieder auf. Mein Herz klopfte nicht mehr ganz so schnell. Doch dann musste ich wieder mit Unbehagen daran denken, wie weit weg ich von Mama und meinem Zuhause war.

Da tastete ich nach der Lederschnur unter meinem T-Shirt. Mama hatte mir vor dem Abflug ein Amulett geschenkt. „Der Anhänger sah aus wie die Papierdrachen, die wir im Herbst immer auf dem Feld steigen ließen, nur glänzte er bronzefarben. „Dieses Amulett hilft dir in schwierigen Situationen", hatte Mama mir erklärt. „Es hilft dir dabei, mutig und selbstbewusst zu sein. Wenn du dich auf eine bestimmte Sache konzentrieren willst, dann forme mit deinen Händen eine Raute, genau in Form des Amuletts. Wenn deine Fingerspitzen sich berühren und du dabei tief ein- und ausatmest, wirst du ruhig und fokussiert." Ich formte mit den Händen eine Raute, meine Finger berührten sich leicht. Nach wenigen Minuten hörte ich die Gespräche um mich herum nicht mehr und spürte, dass ich ruhiger und gelassener wurde. Ich versuchte mir zu sagen, dass ich ja nicht allein sein würde in Peru. Jetzt im Flugzeug war Tante Andrea dabei und bald würde ich auch Tamia treffen! Ich war schon richtig gespannt auf sie. Und der Daily Lama würde bestimmt auch gut auf mich aufpassen. Langsam freute ich mich auf das Abenteuer, das vor mir lag. Ich fürchtete mich nur noch ein winziges bisschen.

Nach der Landung ging es durch die Sicherheitskontrolle. Ich dachte zuerst, ich hatte nicht richtig gesehen, da stand der Daily Lama und kontrollierte die Passagiere! Seit wann arbeitete er denn am Flughafen? Aufgeregt rannte ich an der Schlange vorbei und fiel dem wuscheligen Lama in die Arme. Doch halt, es fühlte sich viel zu flauschig an! Der Daily Lama hatte doch eigentlich etwas borstiges Fell? Ich schaute nach oben, um nach den schiefen Zähnen zu suchen, doch ich sah nur eine strenge Miene: „Bitte lassen Sie mich los, ich kenne Sie nicht“, sagte es bestimmt. Das hatte ich gerade so noch mit meinem Schulspanisch verstanden. Es war also nicht der Daily Lama, sondern *irgendein* Lama! Etwas bedröppelt ließ ich mich durchsuchen. Das wäre auch zu schön gewesen, den Daily Lama direkt am Flughafen zu treffen. In den letzten zwei

Monaten, in denen ich mit Tamia geschrieben hatte, hatte sich der Daily Lama nämlich nicht mehr gemeldet. Vielleicht war er gerade im peruanischen Urwald, wo es keine Briefkästen gab? Und warum arbeitete hier überhaupt ein Lama am Flughafen?

Ich wurde aus meinen Gedanken gerissen, denn in der Empfangshalle wirbelten viele Stimmen laut durcheinander. Und am lautesten hörte ich „Sam, Sam, Bienvenido a Sam!“ – Willkommen Sam! Eine Gruppe von mindestens 15 Leuten hielt Plakate hoch, auf denen „Sam“ stand. Die meinten mich! Da rannte auch schon ein Mädchen mit glänzenden schwarzen, geflochtenen Zöpfen auf mich zu. Das musste Tamia sein! Ihre Augen waren mandelförmig und dunkel, sie blitzen mich fröhlich an. „Willkommen Sam“, sagte sie auf Deutsch. Dann wurden wir von ihrer ganzen Familie umringt, die in schnellem Spanisch auf mich einredete. Irgendwann zog mich Tamia zur Seite. „Sam, ich freue mich so, dass du da bist! Entschuldige, meine Familie ist etwas überschwänglich. Aber alle freuen sich riesengroß, dass du uns besuchst.“ Tamia sprach mit einem leichten Akzent und rollte das „r“, ich musste darüber lächeln, wie sie das Wort „riesengroß“ verwendete.

Vor dem Flughafen drängte sich die ganze Familie in einen kleinen Bus, der uns durch die Stadt und zu Tamias Zuhause bugsierte. Tamias Haus war aus rötlichen Terakottaziegeln gebaut und befand sich auf einem kleinen Berg. Die ganze Familie wohnte hier unter einem Dach! Tamias Cousinen Gloria, Elisa und Fernanda umringten mich, sie bestürmten mich auf Spanisch und wuschelten mir begeistert durch die Haare, sie hatten anscheinend noch nie so helle Haare gesehen! Ich wurde von Tamia gerettet, die mich zum Esstisch zog. Ihre Mama Amaya hatte extra für meine Ankunft ein Festmahl gekocht. Ich fragte Tamia, warum ihre Namen alle so besonders klangen.

„Das sind Namen auf Quechua“, antwortete Tamia.

„Und was ist Quechua?“, fragte ich ratlos.

Tamia erzählte, dass ihre Familie lange Zeit hoch in den Anden gelebt hatte. Sie hatten damals eine kleine Alpakaherde besessen und handgewebte Stoffe verkauft. Dort sprachen die Leute Quechua, die Sprache der Ureinwohner. „Aber in Cusco gibt es mehr Arbeitsplätze, durch die Touristen. Deswegen sind wir hierhergezogen“, schloss Tamia. „Mir gefällt es hier, aber Abuelo Amuru, mein Großvater, vermisst die Natur und die Ruhe der Anden schrecklich“, seufzte sie.

Mama Amaya hatte inzwischen das Essen auf den Tisch gestellt. Gegrilltes Fleisch. Beim genaueren Hinsehen erkannte ich vier kleine Beine und einen kleinen Körper. Was war denn das? Aßen die hier gegrillte Mäuse?

„Das ist gebratenes Meerschweinchen, superlecker!“, erklärte mir Tamia. Ich dachte, ich hörte nicht richtig. Sofort tauchten die Meerschweinchen meiner besten Freundin Ella vor meinem inneren Auge auf. Mir wurde schlecht.

„Aber Tamia!“, meine Stimme überschlug sich. „Wieso grillt ihr denn eure Haustiere?!“

Tamia war nun ihrerseits verwirrt: „Ein Meerschweinchen ist kein Haustier! Was macht ihr denn mit Meerschweinchen?“

Ich erklärte, dass wir mit unseren Meerschweinchen kuschelten und mit ihnen spielten. Tamia fand das total lustig. Als sie das den anderen aus der Familie erzählte, kriegten die sich gar nicht mehr ein vor Lachen und stießen sich gegenseitig in die Seite.

Abends im Bett konnte ich gerade noch meine Augen offenhalten, um Mama und Ella eine Handynachricht zu schicken. Mit schweren Augen tippte ich die Antworten. Dann glitt mir das Handy aus der Hand und mein Kopf sank müde aufs Kissen.

Hast du es gemerkt?
Die Entspannungsübung hat Sam im ersten Band vom Daily Lama gelernt.
Siehe auch Seite 108.

Wie Tamia mir Cusco zeigte und dabei so wild wie ein Puma wurde

Als ich am nächsten Morgen gähnend in die Küche tapste, standen dort schon zwei dampfende Tassen Tee auf dem Tisch. In jeder Tasse schwamm ein grünes Blatt. „Das ist ‚Mate de Coca', Koka-Tee", erklärte Tamia, als sie meinen unsicheren Blick bemerkte. „Das ist sowas wie das Nationalgetränk der Anden. Der Tee macht ein bisschen wach und ist gut für den Magen." Ich musste daran denken, dass Mama mir zu Hause immer verbot, von ihrem Kaffee zu trinken. Naja, immerhin schwamm kein Meerschweinchen in meiner Tasse. Nachdem ich den Tee getrunken hatte, fühlte ich mich tatsächlich fitter.

Bei strahlendem Sonnenschein traten wir in die enge Gasse vor Tamias Haustür. Meine neue Freundin würde mir heute die Stadt zeigen. Ich war schon aufgeregt und freute mich auf die vielen Fotos, die ich machen und verschicken würde. Mama und Ella sollten alles mitbekommen, was ich hier so erlebte!

Durch die schmale Gasse ging es bergab und bald standen wir auf einem riesigen Platz, der Plaza de Armas. Auf der einen Seite thronte eine Kathedrale. Schräg gegenüber befand sich eine hübsche Kirche mit zwei Glockentürmen. Aber viel aufregender waren die Menschen! Es gab eine Gruppe Jungs in Jogginghosen, die eine Hip-Hop-Choreografie aufführten, einen älteren Mann mit langem Bart, der mit einer Bibel herumwedelte und einen Mann in einem bunt gewebten Poncho, der eine nachdenkliche Melodie auf einer

Panflöte spielte. Ich wusste gar nicht, wo ich zuerst hingucken sollte. Ich hörte der Panflöte zuerst zu, dann wurde ich aber von den Saltos der Hip-Hop-Jungs abgelenkt. Schnell zückte ich mein Handy. Ich wollte ein Video von dem Panflötenspieler machen, das würde Mama bestimmt gefallen. Oh, und jetzt entdeckte ich auch noch einen Armband-Verkäufer! Die Armbänder wollte ich für Ella fotografieren, sie knüpfte doch so gerne Freundschaftsbändchen. In dem ganzen Trubel warf ich Tamia einen Seitenblick zu, sie sah gar nicht so aufgeregt aus wie ich und hörte ganz versunken der Melodie des Panflötenspielers zu. Dabei wippten ihre schwarzen Zöpfe im Takt.

Ich ließ meinen Blick wieder schweifen und da – am Rand der Plaza stand wieder ein Lama! Es sah verdächtig borstig aus. Bevor Tamia reagieren konnte, war ich auch schon losgerannt. Nur noch einen Meter vom Lama entfernt, dachte ich: Der Daily Lama hat seinen Stil ja ganz schön verändert. In die borstigen Haarlocken waren bunte Bänder geflochten und der Poncho hatte farbenfrohe Bommeln. Ein Mädchen hatte sich zu ihm gestellt, um ein Foto mit dem Daily Lama zu machen. Sie grinsten zusammen in die Handykamera des Mädchens. Gerade wollte ich auf den Daily Lama zustürmen, doch da entdecke ich in seinem Gesicht schneeweiße, gerade Zähne. Das konnte nicht mein Lama sein, dessen Zähne waren doch total schief! Aber vielleicht wusste es, wo ich meinen Daily Lama finden konnte! Diese Lamas kannten sich bestimmt alle untereinander.

Ich stupste das Lama in sein weiches Fell: „Entschuldigung“, fragte ich in meinem besten Spanisch, „Kennen Sie zufällig ein Lama namens ‚Daily Lama‘ und wissen, wo ich ihn finden kann?“

Das Lama antwortete schmatzend: „Si, claro, das ist doch dieser Video-Star, den kenne ich aus dem Internet!“ Verwundert blinzelte ich das Lama an. Ich musste da etwas falsch verstanden haben, er sprach bestimmt von einem anderen Lama. Mein Daily Lama, der Meister der Meditation und Entspannung, wusste bestimmt noch nicht einmal, was Internet war!

Enttäuscht trottete ich zurück zu Tamia. Sie schaute gerade suchend um sich und warf mir einen vorwurfsvollen Blick zu, als sie mich erblickte. „Renn bitte nicht einfach weg, du kennst dich doch gar nicht aus hier“, schimpfte sie. Doch als sie mein trauriges Gesicht sah, schaute sie mich fragend an und ich erzählte ihr von meinem Irrtum.

„Ach, Sam, wir finden ihn schon noch!“, tröstete sie mich. Zur Aufmunterung kaufte Tamia mir einen „Mazamorra Morada“, ein süßer Pudding aus lila Mais und Früchten. Wir setzen uns auf eine Bank am Rande der Plaza. Während wir den Fruchtpudding in uns hineinlöffelten, zeigte Tamia auf die große Kathedrale am Ende des Platzes und erzählte: „Die Grundmauern dieser Kathedrale stammen noch aus der Zeit der Inka! Früher war der ganze Platz von prachtvollen Inkapalästen umgeben.“

„Und wer waren diese Inka?“, fragte ich schüchtern.

„Also, die Inka waren ein altes Volk, dass vor Hunderten von Jahren gelebt hat. Ihr Reich erstreckte sich über 5000 Kilometer! Sie waren stolze Krieger und stellten auch tolles Kunsthandwerk her, schau mal!“ Sie wollte mir gerade ihr Armband zeigen, das anscheinend mit Mustern aus der Inkazeit verziert war. Ich betrachtete es kurz, doch dann wurde ich schon wieder abgelenkt. Hinter uns hatten sich Artisten aufgebaut, die mit Avocados jonglierten, Wahnsinn! Ich holte mein Handy hervor und knipste schnell ein paar Fotos. Da zupfte Tamia mich etwas ungeduldig am Arm. Ich hatte ganz vergessen, dass wir uns ja gerade ihr Armband angeschaut hatten. Stimmt, Tamia hatte mir gerade von den Inka erzählt! Sie schaute auch etwas genervt, rief dann aber entschlossen: „Komm, ich will dir was zeigen!“

Wir verließen den großen Platz und Tamia zog mich so schnell hinter sich her, dass ich nicht erneut mein Handy herausnehmen konnte. Sie ließ mir gar keine Zeit mehr, um Fotos zu machen! Wir verließen den großen Platz und Tamia wies mich auf spannende Sachen am Wegesrand hin: „Schau mal, da drüben, da gibt es die leckersten Empanadas der Stadt!“

Ich schaute zum Stand auf der anderen Straßenseite, dort warf gerade ein gut gelaunter Verkäufer eine Teigtasche in heißes Fett.

„In Deutschland kocht niemand auf der Straße“, lachte ich. „Das wäre aber gar nicht so schlecht, wenn ich auf dem Heimweg von der Schule einen Teller Spaghetti mit Tomatensoße kaufen könnte.“

Tamia grinste und antworte: „Dann bist du in Peru genau richtig, hier kannst du eigentlich überall auf der Straße Sachen kaufen und nicht nur Essen, auch Hüte, Schmuck und Pullover!“

Plötzlich machten wir vor einem großen, backsteinfarbigen Gebäude halt. „Das hier ist das Kloster Santa Domingo, sieht auf den ersten Blick etwas unscheinbar aus“, gab Tamia zu, „aber früher stand hier der bedeutendste Tempel von ganz Peru, der Sonnentempel Qorikancha. Die Inka hatten ihn innen über und über mit Gold verkleidet. Hier wurden Inkakönige gekrönt, Hochzeiten und Feste gefeiert.“

Ich versuchte mir vorzustellen, wie Wände aus Gold wohl aussahen und sah das Gebäude plötzlich mit anderen Augen.

Ich lächelte Tamia an, sie war wirklich cool und wusste echt gut über ihr Heimatland Bescheid! Doch da vibrierte plötzlich mein Handy: Ella fragte mich, wo ich gerade war und was ich machte. Schnell knipste ich ein Foto, um es ihr zu schicken. Tamias Worte rückten in den Hintergrund. Doch sie bemerkte schnell, dass ich

nicht richtig zuhörte. Auf ihrer Stirn bildete sich eine Zornesfalte. Ihre Augen, die sonst so fröhlich waren, blitzten jetzt wütend. „Sag mal, Sam, interessiert dich eigentlich, was ich hier erzähle oder findest du dein Handy spannender als mich?" Ich zuckte überrascht zusammen. Sie fuchtelte mit den Händen herum und zeigte auf das Handy: „Schon den ganzen Tag schaust du nur noch durch die blöde Kameralinse! Ich will dir die Stadt zeigen und nicht nur auf einen Handy-Zombie aufpassen, den ich um die nächste Straßenlaterne herumlotsen muss!"

Ich wurde ganz klein, so blöd fühlte ich mich. Sie hatte recht, das war mir gar nicht aufgefallen und ich steckte schnell das Handy in die Tasche. Ich hatte nur daran gedacht, was ich Mama und Ella alles hier zeigen wollte und dabei ein bisschen Tamia vergessen.

„Tut mir leid, Tamia", entschuldigte ich mich. „Ich würde wirklich gerne mehr über den Sonnentempel erfahren. Erzählst du weiter?", bat ich sie.

„Na gut", lenkte Tamia besänftigt ein und holte Luft: „Die Inka waren Meister der Baukunst und hatten ein riesiges Straßensystem. Aber dazu kann mein Großvater Amuru dir mehr erzählen, er ist ein richtiger Inkaexperte. Denn irgendwie stammen wir ja auch von den Inka ab", lächelte Tamia mich stolz an.

Nach einer langen Tour durch die Stadt kamen wir am Abend erschöpft zu Hause an. Nach dem Abendessen schauten Tamia und ich uns gemeinsam die Fotos auf meinem Handy an, die ich in der Stadt gemacht hatte. Tamia war richtig begeistert, sie wollte ein Bild immer ganz lange anschauen und machte mich auf viele Kleinigkeiten aufmerksam. Den Leguan auf der Mauer, die ich fotografiert hatte, hatte ich vorher gar nicht bemerkt. Genauso wenig die fußballspielenden Kinder auf der Plaza de Armas. Tamia musste lachen. Immerhin hatten die Kinder genau vor unserer Nase gespielt. „Glücklicherweise hast du keinen Fußball an den Kopf bekommen“, lachte Tamia. Sie stand auf und holte ein Buch aus dem Regal. Es war in dunkelbraunes Leder eingebunden und trug den Titel: „Legenden der Anden“.

„Schau mal“, sagte sie und öffnete das Buch. Tamia blätterte eine Weile darin herum, dann fand sie die Seite, die sie suchte. Das Bild zeigte einen Puma, der fast lebensecht aussah!

Ich staunte: „Der sieht ja ganz schön wild aus! Gibt es den in den Anden wirklich?“

„Ja“, nickte Tamia und grinste mich an. „Er hat auch eine Bedeutung. Nach dem Glauben der Inka steht der Puma für das ‚Hier und Jetzt‘, dafür, im Moment zu sein.“

Das klang ja ganz schön nach Mamas Yogalehrerin mit den Räucherstäbchen. Wir blätterten noch eine Weile in dem Buch herum, es gab auch tolle Bilder von Andenvögeln und ganz viele Lamas und Alpakas. Später lag ich in meinem gemütlichen Bett und dachte über Tamias Worte nach. Der Puma in dem Buch hatte fast genauso wütend ausgesehen wie Tamia, als ich ihr nicht zugehört und lieber mit meinem Handy fotografiert hatte. Hatte Tamia Recht und ich beschäftigte mich wirklich zu viel mit meinem Handy? Vorsichtig strich ich über die farbenfrohe Illustration im Buch, das auf meinem Nachttisch lag. Morgen wollte ich weniger Fotos machen und dafür ganz bewusst erleben, was wir alles entdeckten. Diese Stadt schien viele Geheimnisse zu haben, davon wollte ich keine verpassen, dachte ich noch, bevor ich einschlief.

Kennst du eigentlich die Ablenkungsbremse?
Lies nach auf S. 102.

Wie eine geheimnisvolle Geschichte eine mutige Idee in uns weckte

Die letzte Woche war turbulent gewesen! Vormittags hatte ich immer Sprachunterricht bei einer sehr lustigen Lehrerin namens Gloria gehabt. Wenn Tamia und ich unterwegs gewesen waren, hatten wir oft Spanisch gesprochen, damit ich die neuen Wörter üben konnte. Zusammen hatten wir Cusco und die Umgebung kennengelernt, die grünen Hügel um die Stadt herum waren wirklich toll! Mittlerweile trank ich jeden Morgen einen Coca-Tee und mittags kauften Tamia und ich uns oft Empanadas an einem der Straßenstände. Wir waren mittlerweile richtig gute Freunde, sie war lustig und manchmal wirklich temperamentvoll. Außerdem hatte sie eine Menge abenteuerlicher Ideen!

Heute würde ich mehr über die Inka erfahren. Tamias Großvater Abuelo Amuru war endlich zurück in Cusco. Der alte Mann hatte einen weisen Heiler besucht, der mit Tinkturen aus Pflanzen seinem schmerzenden Rücken helfen sollte. Tamias Geschwister und Cousinen hatten mir schon begeistert von Abuelo Amurus Erzählstunden berichtet.

Die ganze Familie hatte sich nun am Abend im großen Familienraum versammelt. Der Holzboden war mit bunt gewebten Teppichen ausgelegt, es gab keine Möbel. Hier saßen nun alle zusammen: Mama Amaya, Tante Andrea, ihr Mann Pablo, Tamias Cousinen und Geschwister. Alle quasselten und erzählten sich gegenseitig von ihrem Tag.

Plötzlich trat ein alter, kleiner Mann ins Zimmer, der sich auf einen Stock stützte. Tamias Cousinen rannten auf ihn zu und fielen ihm in die Arme, einen Moment lang konnte man nur noch ein Knäuel von Armen und Beinen sehen. Als der alte Mann wieder zum Vorschein kam, betrachtete ich ihn genauer: Seine Haut war von der Sonne dunkel und sein Gesicht sah so zerknittert aus wie die T-Shirts in meinem Koffer. Besonders um die Augen hatte er viele kleine Fältchen. Obwohl er eigentlich gar nicht so laut sprach, richteten sich alle Augen auf ihn.

„Schön, wieder bei euch zu sein, meine liebe Familie", Großvater Amuru hatte sich im Schneidersitz auf dem Teppich niedergelassen. „Und schön, dass wir Besuch aus Deutschland haben", lächelte er und zwinkerte mir zu. Er erzählte von seiner Reise zu einem befreundeten Heiler. Irgendwann schweiften meine Gedanken ab. Ich verstand noch nicht jedes spanische Wort und mit der Zeit wurde es anstrengend zuzuhören.

Ich flüsterte Tamia ins Ohr: „Macht ihr das öfter, einfach auf dem Boden sitzen und zuhören? Ist euch da nicht langweilig? Ihr könntet doch auch fernsehen."

Tamia verdrehte die Augen, grinste, doch dann machte sie „Pschscht". Sie war mehr an den Erzählungen ihres Großvaters interessiert.

„Ich habe letzte Nacht von der sagenumwobenen Festung Machu Picchu geträumt", sagte Amuru gerade. „Wer von euch hat diesen Ort schon einmal besucht?"

Das Gemurmel schwoll an, doch keiner hob die Hand.

„Ich war dort als kleiner Junge", fuhr der alte Mann fort. „Ich werde versuchen, euch den Ort zu beschreiben." Er räusperte sich und alle hörten ihm gebannt zu: „Es ist eine Festung, hoch oben, sie thront zwischen drei heiligen Bergen über dem Urubamba-Fluss. Die Gebäude bestehen aus Mauern ohne Mörtel."

Eine kleine Cousine von Tamia fragte ihn neugierig: „Aber wie halten die Steine ohne Mörtel zusammen?"

Amuru erklärte: „Die Steine sind so geschlagen, dass sie perfekt aufeinandersitzen, bei einem Erdbeben bewegen sie sich zwar und wackeln hin und her, aber sie springen danach unversehrt in ihre Ursprungsposition zurück."

Juan, ein Großcousin von Tamia, platzte dazwischen: „Du hast gesagt, die Festung liegt hoch auf einem Berg. Was hatten die da denn zu trinken, so weit oben?"

Abuelo Amuru erklärte: „Machu Picchu besaß ein perfektes Kanalsystem. Die Kanäle mündeten in sprudelnden Brunnen, die die ganze Stadt mit Wasser versorgt haben."

Jetzt war auch meine Neugierde geweckt, ich fragte etwas schüchtern: „Und warum wurde diese Festung überhaupt gebaut, für was wurde sie denn benutzt?"

Abuelo Amuru wiegte nachdenklich den Kopf hin und her: „Eine sehr gute Frage! Die Festung wurde angeblich von einem mächtigen Inkaherrscher erbaut, als Rückzugsort, so wie eure Eltern vielleicht manchmal ein Ferienhaus für den Urlaub mieten. Es kann aber auch ein religiöses Zentrum gewesen sein, wo die Zeremonien für Götter stattfanden."

Tamia meldete sich und fragte: „Da oben kann man bestimmt gut den Himmel sehen, vielleicht haben sie ja die Sterne beobachtet?"

Der Großvater nickte ihr zu: „Tatsächlich befand sich auf dem höchsten Punkt ein Beobachtungspunkt. Am wichtigsten war dort der ‚Intihuana', das heißt übersetzt ‚Sonnenfessel'. Das ist ein Stein, der je nach Stand der Sonne einen anderen Schatten wirft. Damit bestimmten die Inka die Uhrzeit und berechneten ihren Kalender. Es könnte also durchaus sein, dass Machu Picchu ein Zentrum für Astrologen war."

Tamia grinste breit und stupste mich stolz in die Seite. Jetzt beobachtete ich, wie sich ein sehnsuchtsvoller Ausdruck in Abuelo Amurus Gesicht schlich. Genauso sah Mama aus, wenn sie von ihrem Lieblingsort an der Nordsee sprach.

Er seufzte tief: „Als Junge lebten wir in einem Dorf, nicht fern von Machu Picchu. Einmal sah ich den Intihuana-Stein im Licht der untergehenden Sonne. Er thronte erhaben über dem grünen Tal. Das war einer der schönsten Momente meines Lebens. Ich würde den Stein so gerne nochmal sehen, doch der Weg nach Machu Picchu ist inzwischen zu beschwerlich für meinen alten Rücken."

Später in unserem Zimmer saßen Tamia und ich noch zusammen und redeten über die geheimnisvolle Festung.

„Irgendwie sah dein Opa wirklich traurig aus, weil er es nicht mehr nach Machu Picchu schafft, um seinen geliebten Stein zu sehen."

Tamia stimmte mir zu: „Ja, klingt komisch, weil es ja nur ein Stein ist, aber es scheint ihm wirklich wichtig zu sein."

Eine Weile schwiegen wir. Dann formte sich eine Idee in meinem Kopf: „Tamia, was ist, wenn wir einen Ausflug zum Machu Picchu machen? Wir könnten ein Foto von dem Stein für deinen Opa machen, dann kann er das Bild bei sich aufhängen."

Tamia schien erst zögerlich: „Hm, ich weiß nicht, ist der Machu Picchu nicht total weit weg?"

„Komm, wir googeln einfach mal", antworte ich und zückte mein Handy. Für so etwas konnte ich das Smartphone mal richtig gut gebrauchen. Wir fanden heraus, dass es eine Zugverbindung von

Cusco zum Machu Picchu gab. Die Reise im sogenannten Inkazug dauerte auch nur einen Vormittag!

Wir rannten runter zu Mama Amaya und fragten sie um Erlaubnis. Sie war erst zögerlich, stimmte dann aber zu, als ihr einfiel, dass sie den Schaffner des Zugs kannte. Er sollte auf uns aufpassen. Dann rief sie Tamias Tante an, die in einem Reisebüro arbeitete, und reservierte Zugtickets für den nächsten Tag.

Wir waren beide richtig aufgeregt und begannen eifrig zu packen. Ich war schnell fertig, aber Tamia kramte in ihrem Schrank noch nach dicken Ponchos.

„Tamia, wir fahren doch nicht an den Nordpol!"

Sie grinste mich etwas besserwisserisch an: „Du wirst mich noch beneiden, Sam", sagte sie, während sie den Poncho in ihren Rucksack stopfte.

Woher kommt eigentlich Motivation?
Blätter auf S. 107.

Wie wir auf dem Weg nach Machu Picchu eine haarige Überraschung erlebten

Der Zug ruckelte über die Schienen, während Tamia und ich auf der Suche nach einem freien Sitzplatz waren. Mama Amaya hatte uns bis zum Bahnhof gebracht und mit dem Schaffner gesprochen, der darauf achten sollte, dass wir gut in Aguas Calientes, dem Ort, der unter Machu Picchu lag, ankamen. Wir hielten Ausschau nach einer freien Holzbank, doch überall saßen die Reisenden dicht gedrängt. Nach einer Weile kamen wir im Speisewagen des Zuges an. Hier sah es viel luxuriöser aus als im Rest des Zuges. Ich beobachtete gerade zwei Rentner in neonfarbenen Outdoor-Jacken, als Tamia mich in die Seite stupste: „Schau mal, Sam, das Lama da drüben!“ Lamas versetzten mich mittlerweile nicht mehr in Aufruhr. Ich hatte mich schon daran gewöhnt, dass Lamas hier zum Alltag dazu gehörten und manchmal kleine Jobs übernahmen. Trotzdem folgte ich Tamias Blick. Am Fenster, auf einer gepolsterten Bank saß ein Lama mit langem zotteligem Fell. Es hatte große Kopfhörer auf den Ohren, und eine riesige Sonnenbrille verdeckte das halbe Gesicht. Auf dem kleinen Tisch vor ihm stand ein Tablett mit ungefähr zehn gebratenen Meerschweinchen. Ich starrte gerade angeekelt die Meerschweinchen an, als das Lama plötzlich aufsprang und auf uns zukam. „Sam!“, rief es aufgeregt. Woher kannte dieses zottelige Lama meinen Namen?

„Sam, Tamia, erkennt ihr mich denn nicht?“, rief es nochmal.

Auch Tamia sah ziemlich verwirrt aus. Da nahm das Lama die Kopfhörer und die riesige Sonnenbrille ab. Zum Vorschein kamen drei borstige Haarlocken und ein unverkennbares Grinsen erschien auf dem Lamagesicht. „Daily Lama!“, riefen wir, und fielen ihm in die Arme. Ich konnte es kaum fassen, endlich hatten wir unseren Freund und Meister der Entspannung gefunden!

„Du bist ja in Peru!“, rief der Daily Lama überrascht. „Davon wusste ich ja gar nicht“, fügt er etwas beleidigt hinzu. Aber bevor ich ihm erklären konnte, dass er wohl meine Postkarten nie erhalten hatte, auf denen ich meinen Besuch angekündigt hatte, winkte er ab und lud uns ein, an seinem Tisch Platz zu nehmen. Er schob sich ein Meerschweinchen in den Mund und fragte mampfend: „Wollt ihr auch eins?“

Ich schüttelte angeekelt den Kopf.

Tamia fragte vorsichtig: „Warum trägst du denn die Kopfhörer und die Sonnenbrille?“

Der Daily Lama lehnte sich ein wenig stolz zurück. „Ich muss mich tarnen, sonst habe ich keine Ruhe. Die Menschen, die mich erkennen, wollen immer Selfies mit mir machen. Ich bin nämlich ganz schön berühmt, wisst ihr?"

Tamia und ich schauten uns verwundert an. „Was, du? Warum denn das?"

„Naja, auch in Peru gibt es viele gestresste Leute, die im Alltag manchmal nicht weiterwissen", antwortete er. „Und da habe ich einfach einen eigenen Videokanal mit meinen Ratschlägen eröffnet."

Ich kicherte: „Ich wusste noch nicht einmal, dass du das Internet kennst."

Der Daily Lama rümpfte nur beleidigt die Nase.

Irgendwie kam mir der Daily Lama ein bisschen verändert vor. Er hatte inzwischen wieder seine große Sonnenbrille aufgesetzt und sah sich dauernd nervös um, als befürchtete er, irgendjemand könnte ihn erkennen oder ansprechen. Bevor wir ihn weiter zu seinem Videokanal befragen konnten, war der Daily Lama schon in sein Smartphone vertieft und beachtete uns nicht mehr.

Tamia und ich pressten währenddessen unsere Nasen an die kalte Fensterscheibe, um nach draußen zu schauen. Die Landschaft sah wirklich toll aus! Die blaugelbe Bahn ruckelte über die Schienen. Direkt neben ihnen floss der Urubamba das Tal entlang. Das Tal war schmal und bot gerade Platz genug für die Schienen, auf denen der alte Zug ratterte. Die Berge schossen links und rechts des Flusses schroff in die Höhe. Am Ufer des Urubamba grasten ein paar Lamas. „Guck mal!", ich tippte den Daily Lama an. Doch der war inzwischen so beschäftigt, auf seinem Smartphone zu daddeln, dass er mich gar nicht bemerkte.

Tamia startete einen neuen Versuch, mit dem Daily Lama ins Gespräch zu kommen, und fragte: „Und du willst auch nach Machu Picchu?"

Jetzt schaute der Daily Lama auf und schüttelte den Kopf: „Nein, ich bin auf dem Weg zu einer Fortbildung. Ich möchte ein ‚Meister der Konzentration' werden. Die findet in einer Höhle statt, die laut Navi noch ein Stück über Machu Picchu liegt. Und was habt ihr vor?"

Schnell erzählten wir dem Daily Lama von Tamias Großvater und wie seine Geschichten über die Inka uns motiviert hatten, zum Machu Picchu zu fahren.

„Wollt ihr mich nicht zuerst begleiten?", fragte der Daily Lama. „Der Ausflug in die Höhle des Konzentrationsmeisters wird bestimmt spannend. Danach können wir zusammen zum Machu Picchu", meinte er. Tamia und ich sahen uns an und stimmten begeistert zu. Endlich wieder ein Abenteuer mit dem Daily Lama!

Als der Zug in Aguas Calientes quietschend anhielt, winkten wir dem Schaffner zum Abschied zu und erklärten ihm, dass von jetzt an der Daily Lama auf uns aufpassen würde. Er sollte es Tamias Mutter weitergeben, damit sie sich keine Sorgen machte. Ich schaute hoch zu den umliegenden Gipfeln. „Schaut mal, ich glaube wir haben einen ganz schönen Aufstieg vor uns."

Tamia nickte: „Ja, Abuelo Amuru hat ja gesagt, dass die Machu Picchu-Festung auf 2430 Metern liegt, und die Höhle des Konzentrationsmeisters befindet sich ja anscheinend noch höher!" Dadurch, dass wir so oft die Hügel rund um Cusco erkundet hatten, hatte ich mich an die Höhe mittlerweile gewöhnt. Dass die Luft umso dünner wurde, je höher wir kamen, machte mir nicht mehr so viel aus. Doch der Daily Lama schnaufte ganz schön. Bildete ich mir das ein oder hatte er ein bisschen zugenommen? Vielleicht von den vielen Meerschweinchen? Er schwitzte ziemlich und sah oft genervt aus. Er war gar nicht mehr so ausgeglichen wie früher, wunderte ich mich. Zu dritt liefen wir einen schmalen Pfad entlang, der sich in engen Kurven den Berg hinauf schlängelte.

„Worin genau ist denn der Höhlenmeister Experte?“, fragte ich.

„Und warum genau muss er so weit oben in einer Höhle leben?“, ergänzte Tamia erschöpft.

Der Daily Lama erklärte heftig schnaufend: „Er ist besonders auf die Kunst des Ausblendens spezialisiert. Er versteht es, alle Gedanken und Geräusche auszublenden und so seine ganze Energie zu bündeln.“

Als wir endlich unser Ziel erreichten – die Höhle war sogar ausgeschildert gewesen – ließen wir uns vor dem Eingang auf den Boden plumpsen. Der Eingang der Höhle war von einer Steintafel versperrt. Dort stand: „Ich bin spontan verreist, um eine Pflanze zu suchen, die nur um diese Jahreszeit wächst.“

„Der hat ja Nerven“, seufzte ich. „Vielleicht hätte er die Nachricht am Weganfang hinterlassen können, dann hätten wir uns die ganze Anstrengung gespart.“

Der Daily Lama schaute hilflos und seine Lamaschultern sackten nach unten. Als ich ihn in Deutschland kennengelernt hatte, war er immer voller Energie gewesen. Nun ließ er sich ziemlich schnell aus der Ruhe bringen.

„Sag mal, Daily Lama“, sprach ich ihn an, „machst du eigentlich noch die Entspannungsübungen, die du mir damals gezeigt hast?“

Der Daily Lama schaute verlegen zu Boden. „Hm, nein“, gab er schließlich zu. „Ich habe einfach zu viel zu tun. Ständig wollen meine Fans, dass ich ein neues Video veröffentliche. Ihre Fragen wirbeln den ganzen Tag – und manchmal sogar nachts – in meinem Kopf herum. Ich kann mich nicht mehr wirklich auf andere Sachen konzentrieren. Aber mein Publikum ist enttäuscht, wenn ich nicht jede Woche zwei neue Videos veröffentliche!“

„Ich kenne das“, platzte es aus mir raus. Ich wollte den Daily Lama nicht nur aufmuntern, auch ich kapierte gerade etwas. „Ich lasse mich zu viel von meinem Handy ablenken. Ich habe es ja eben schon wieder hervorgeholt, obwohl wir mitten in den Anden sind!“, gab ich schuldbewusst zu. Ich schaute Tamia an, die nun schmunzelte. Ich erinnerte mich daran, als ich mir Fotos mit Tamia angeschaut hatte und gar nicht mehr wusste, was ich alles fotografiert hatte.

„Ich habe auch meine Hobbies für den Videokanal vernachlässigt“, realisierte der Daily Lama nun langsam. „Deswegen hast du so lange keine Postkarte mehr von mir bekommen, Sam.“

Er wurde ganz rot vor Scham.

„Das ist doch nicht schlimm“, beruhigte ich ihn. „Jetzt bin ja in Peru! Jetzt können wir uns ja so lange unterhalten, wie wir wollen.“

„Ich will mehr Zeit mit euch beiden verbringen!“, wünschte sich nun der Daily Lama. „Könnt ihr länger bleiben? Ich kenne hier in der Region viele Lamas. Wir können uns erst Machu Picchu anschauen und dann noch die Gegend erkunden.“

Ich wollte schon zustimmen, doch Tamia schüttelte den Kopf. „Dann müssen wir aber zuerst meiner Mama Bescheid sagen“, meinte sie. „Eigentlich hat sie uns nur erlaubt, einen Tagesausflug zum Machu Picchu zu machen und am nächsten Tag zurückzukommen, und das auch nur, weil der Schaffner ein wenig auf uns achtet. Wenn wir tagelang nicht nach Hause kommen, alarmiert sie die Polizei.“

„Kein Problem“, meinte der Daily Lama. „Mir vertraut sie euch an, wir werden ein Postboten-Lama nach Cusco schicken, das deiner Mama Bescheid gibt.“

Die Stimmung des Daily Lama hellte sich langsam auf, er schien wieder etwas gelöster. Tamia hüpfte voller Vorfreude und auch ich jubelte: „Vielleicht können wir auch wieder Meditationsübungen machen. Du hast bestimmt neue dazugelernt.“

Tamia drehte sich nun zu mir: „Dann musst du aber auch erklären, was deine geheime Übung ist! Was machst du immer mit dem Amulett? Ich habe dich schon ein paar Mal dabei beobachtet, wie du ein komisches Zeichen mit deinen Händen machst.“

„Wenn ihr wollt, kann ich euch die Übung zeigen“, erklärte ich bereitwillig. „Die hat sogar was mit Konzentration zu tun. Im Flugzeug habe ich sie zum Beispiel gemacht, weil ich so nervös war. Das hat dagegen geholfen.“

Ich forderte die anderen auf, sich zu setzen. Wir alle machten es uns gemütlich und schlugen die Beine übereinander. Dann holte ich mein Amulett unter dem Pulli hervor. Tamia berührte das kühle Material: „Die Form sieht ein bisschen aus wie ein Papierdrache“, murmelte sie.

„Ja, genau", stimmte ich ihr zu. „Und das ist auch schon der Anfang der Übung! Ihr formt die Hände zu einem Drachendreieck!" Ich machte es ihnen vor. „Eure Fingerspitzen sollten sich leicht berühren."

Der Daily Lama fügte hinzu: „Aus der Entspannungslehre weiß ich, dass man ganz tief atmen soll und seine Gedanken langsam ziehen lässt. Wenn alle störenden Gedanken weg sind, kann man sich besser konzentrieren!"

So formte jeder ein Drachendreick; wir wurden ganz still und saßen einfach ruhig da. Zuerst wirbelten die Ereignisse des Tages in meinem Kopf herum, dann dachte ich an zu Hause und ob Mama sich wohl Sorgen um mich machte, da ich mich ohne Handy seltener bei ihr meldete? Doch nach einer Weile wurde mein Atem tiefer und in meinem Kopf wurde es ruhig.

Nach einiger Zeit – waren es zehn Minuten oder eine halbe Stunde gewesen? – hörte ich die Stimme des Daily Lama: „Ich glaube, es wird Zeit für uns, die Augen wieder zu öffnen." Langsam erwachten wir aus unserem tiefenentspannten Zustand. Ich spürte in mich hinein und merkte, dass mir die Pause gutgetan hatte, ich fühlte mich ruhig und irgendwie gelassen. Auf einmal war ich viel zuversichtlicher, dass Mama sich schon keine Sorgen machen würde. Tamias Mama würde ihr ja erzählen, dass wir mit dem Daily Lama unterwegs sein würden. Tamia streckte sich und versuchte zu erspähen, ob wir von hier schon Machu Picchu sehen konnten. Ich war auch schon ganz gespannt, wie die sagenumwobene Festung in echt aussehen würde.

Lerne mehr zum Thema Ausblenden auf Seite 98.

Wie ein uralter König uns in seine Gemächer lockte

Von der Höhle setzten wir unsere Wanderung zu Machu Picchu fort. Diesmal ging es bergab. Angekommen, erschienen die Ruinen jedoch wie ausgestorben, die Touristen hatten wahrscheinlich bereits den letzten Zug zurück nach Cusco genommen. Müde Lamas öffneten die Tore für uns. Als wir eintraten, kamen Tamia und ich aus dem Staunen gar nicht mehr heraus. Alles war so, wie Abuelo Amuru es beschrieben hatte! Wir standen auf einem Platz, in der Mitte der Inka-Festung. Das musste der Sonnenplatz sein, der die Oberstadt von der Unterstadt getrennt hatte, das hatte ich im Internet nachgelesen. Während wir die Ruinen erkundeten, färbte sich der Himmel langsam rosa.

Nachdem wir die ganze Festung durchstreift hatten, machten wir uns auf den Weg, um den höchsten Punkt der Festung zu erklimmen. Wir sprangen die Stufen hoch. Tamia überlegte: „Oben müsste der Intihuana-Stein stehen, denn von dort haben die Astrologen der Inka die Sterne beobachtet."

Als wir die Reise geplant hatten, hatten wir auch den Intihuana-Stein gegoogelt. Die Fotos im Internet hatten einen dreistufigen Stein gezeigt, der über Machu Picchu thronte. Er war zwar laut dem Internetartikel nicht besonders groß, ungefähr ein Lama hoch, aber er hatte für die Inka eine wichtige Bedeutung gehabt, um den Stand der Sonne abzulesen.

Schließlich waren wir die letzten Stufen nach oben gehüpft: „Ist das nicht eine unglaubliche Aussicht?", fragte ich, während der Daily Lama schnaufend Rast machte.

Doch Tamia hörte nur mit halbem Ohr zu. „Wo ist denn der Stein, seht ihr ihn?“

Der Daily Lama und ich schauten uns um. Da entdeckte ich einen Sockel in der Mitte des Plateaus. Doch der war komplett leer! Tamia rannte nun darauf zu, schaute sich um und rief entsetzt: „Unmöglich!“ Alle Farbe wich aus Tamias Gesicht. „Sam“, sagte sie mit bebender Stimme, „ich glaube, der Stein ist verschwunden!“

Was sollten wir jetzt tun? Der Intihuana-Stein war doch der Grund für unsere Reise gewesen! Der Daily Lama wiegte unentschlossen den Kopf hin und her, doch Tamia sagte bestimmt: „Wir müssen den Stein finden! Ist doch klar!“

Ich war mir da nicht ganz so sicher: „Aber Tamia, wie sollen wir das denn anstellen? Meinst du nicht, es ist besser, die nächste Stadt aufzusuchen und die örtliche Polizei über den Diebstahl zu informieren?“

„Ach, die machen doch nichts.“ Verächtlich rümpfte Tamia die Nase. „*Wir* müssen zur Tat schreiten!“

Der Daily Lama stupste uns mit seiner Schnauze an: „Gute Idee, ich bin dabei! Aber der Tag war lang, die Reise anstrengend. Lasst uns hier erstmal Rast machen, so wie wir es geplant hatten. Nachtruhe ist wichtig und morgen sind wir wieder hellwach im Kopf. Lasst uns Antay suchen, das ist ein Freund von mir, der lässt uns sicher bei sich übernachten.“

„Gute Idee“, gähnte ich. Ich merkte erst jetzt, wie müde ich war. Tamia war noch aufgeregt, stimmte aber widerwillig zu. Wir fanden das Lama Antay und er lud uns tatsächlich in seine nicht weit entfernte Hütte ein. Und so schlummerten wir bald tief und fest, eng gekuschelt an den Daily Lama.

Das erste, was wir nach dem Aufstehen machten, war, ein Postboten-Lama zu beauftragen, eine Nachricht an Tamias Mama zu

überbringen. In dem Brief erklärten wir Mama Amaya, dass wir den Daily Lama getroffen hatten und statt nach Hause zu kommen, würden wir die Gegend rund um den Machu Picchu erkunden. Von dem Stein hatten wir lieber nichts erwähnt, damit sie sich keine Sorgen machte. So wusste Tamias Mama, dass der Daily Lama gut auf uns aufpassen würde und wir ein paar Tage unterwegs waren.

Nun waren wir zu viert auf dem Weg zur Festung. Beim Frühstück hatten wir überlegt, welche Menschen sich oft bei den Ruinen aufhielten und uns Informationen zum Stein geben konnten. Die Touristenguides, Imbiss- und Souvenirverkäufer zum Beispiel. Vielleicht hatte einer von ihnen gesehen, wie der Stein verschwunden war?

Als wir bei der Festung ankamen, waren immer noch nicht viele Leute in der Ruinenstadt unterwegs. Für die ersten Touristengruppen war es noch zu früh. Nur einzelne Stände waren schon aufgebaut. Vor dem Tor von Machu Picchu sahen wir einen Imbisswagen. Hinter dem Tresen standen zwei junge Frauen, die genau gleich aussahen – Zwillinge! Ihr schwarzes Haar hatten sie zu strengen Zöpfen geflochten und sie hantierten geschickt mit Käse, Gurken und Burger-Frikadellen, dabei redeten sie ununterbrochen.

Als wir den Zwillingen vom Verschwinden des großen Intihuana-Steins erzählten, riefen sie verblüfft: „Was, davon haben wir noch gar nichts bemerkt!“

„Ist euch sonst irgendwas aufgefallen?“, fragte ich enttäuscht.

Die beiden überlegten: „Doch, bei dem riesigen Platz hat irgendein Witzbold heute Nacht einen Pfeil aus Steinen gelegt, den haben wir aber gleich wieder aufgeräumt, damit niemand drüber stolpert."

Tamias Interesse war geweckt: „Einen Pfeil?"

Ich stupste sie an und flüsterte: „Das klingt ein bisschen wie bei einer Schatzsuche."

Die Zwillinge überlegten gerade, wo der Pfeil hingeführt hatte. „Der Pfeil hat in Richtung Oberstadt geführt", war sich die eine Schwester sicher.

„Danke", riefen wir den Zwillingen zu und düsten los Richtung Oberstadt. Vor den Ruinen der ersten Häuser hielten wir an - wo sollte es weitergehen? Wir standen vor einer Gabelung und es gab drei Möglichkeiten, in die Oberstadt zu gelangen.

„Und jetzt?", fragte ich.

Der Daily Lama dachte laut nach: „Vielleicht habt ihr Recht und es funktioniert wie eine Schatzsuche, dann müssen wir den nächsten Pfeil suchen und diesem folgen."

„Was, wenn wir uns aufteilen, jeder geht einen der Wege ab und sucht nach Hinweisen?", schlug Tamia vor.

Also teilten wir uns auf. Doch schon nach wenigen Minuten hörte ich Tamia, die nach uns rief. Schnell rannte ich zurück und bog in den Weg ein, den sie genommen hatte. Auch der Daily Lama kam wie der Blitz angetrabt. Tamia stand neben einem älteren Mann, der mit Reparaturarbeiten an einer Mauer beschäftigt war. Gerade hatte er einen Stein aus der Mauer entfernt und schlug ihn in die passende Form. Er war ganz vertieft in seine Arbeit. Tamia deutete aufgeregt auf den Mann, sie erhoffte sich wohl Hinweise von ihm.

„Entschuldigung", fragte Tamia, „was machen Sie da?"

Der alte Mann richtete sich auf und sah uns an. „Ich untersuche die Steine", sagte er. „Man nennt mich den ‚Doktor der Steine'."

„Können Steine denn überhaupt krank werden?“, fragte der Daily Lama überrascht.

„Die Steine sind wie Patienten“, erklärte der Doktor. „Die vielen Füße, die jeden Tag auf die Steine drücken, können eine Belastung für die alten Gemäuer sein. Ich richte sie, wenn sie verrücken und bringe sie in die passende Form. Ich habe sie schon so oft betrachtet und mich um sie gekümmert - ich kenne sie in- und auswendig.“

„Wenn Sie sich so gut mit den Steinen hier auskennen, wissen Sie sicher, dass seit gestern der Sonnenstein verschwunden ist!“, sagte Tamia ganz aufgeregt.

Der alte Mann blickte uns besorgt an und nickte: „Meistens konzentriere ich mich bei meiner Arbeit auf den Boden“, sagte er. „Dass der Intihuana-Stein weg ist, habe ich erst heute Morgen bemerkt. Wirklich rätselhaft.“

Er schwieg kurz, überlegte und fuhr dann fort: „Etwa zur gleichen Zeit ist etwas Komisches bei der Mauer geschehen, deren Steine ich gerade verarzte.“ Bei der Formulierung musste ich schmunzeln.

„Was denn?“, fragten wir ganz gespannt.

Er antwortete: „Jemand muss einen Stein herausgenommen und durch einen anderen Stein ersetzt haben. Er hatte eine ganz ungewöhnliche Form. Wie ein Pfeil sah der aus.“ Bei dem Wort „Pfeil“ wurden wir hellhörig.

Tamia fragte: „Meinen sie die Mauer, vor der wir gerade stehen?“ Er nickte und wir alle traten einen Schritt von der Mauer zurück.

„Wo wurde denn der neue Stein reingesetzt?“, fragte ich, während ich die Augen zusammenkniff. Er schien so gut eingefügt, dass wir ihn gar nicht erkennen konnten.

Aber der alte Mann hatte das Interesse an uns verloren und ging die Mauer weiter ab auf der Suche nach verletzten Steinen. Wir schauten ihm ratlos hinterher.

„Ich sehe den Stein auch nicht“, empörte sich der Daily Lama.

Jeder von uns starrte intensiv auf die Mauer, um den Stein zu finden. Ich formte meine Hände zu einem Drachendreieck. Aus dem Augenwinkel sah ich, dass der Daily Lama und Tamia es mir nachmachten. So standen wir ein paar Minuten völlig still, bis Tamia rief: „Ich habe ihn!“

Unsere Blicke folgten ihrem ausgestreckten Finger. Und tatsächlich, wenn man lange genug schaute, erkannte man einen pfeilförmigen Stein, der noch dazu rötlich schimmerte. Warum war uns der nicht vorher schon aufgefallen?

„Der Stein deutet nach rechts, in Richtung Palast“, rief der Daily Lama aufgeregt.

Wir rannten die Mauer entlang, danach durch verwinkelte Gässchen, bis wir endlich vor dem Palast standen. Plötzlich hörten wir jemanden laut fluchen: „Dios mío, diese Schmierfinken!“

Wir folgten dem Geschimpfe, das uns immer tiefer in die Ruinen des Palastes führte. Schließlich standen wir vor einem Mann mit einem ausladenden Hut, der gar nicht aufhören konnte, sich zu ärgern.

Vorsichtig fragte ich: „Was machen Sie denn da?“

Als hätte der Mann darauf gewartet, wetterte er los: „Ich bin hier Reiseleiter und mache vormittags eine Tour mit einer Touristengruppe. Die Strecke laufe ich jeden Morgen einmal Probe, um zu sehen, ob alles in Ordnung ist.“

Wir schauten ihn erwartungsvoll an und er fuhr fort: „Aber heute Morgen fand ich diesen Pfeil aus roten Steinen! Mitten auf dem Boden.“

Innerlich machte ich Luftsprünge, doch ich fragte höflich: „Und was ist so schlimm an diesem Pfeil?“

Der Reiseleiter fuchtelte wütend mit den Händen herum und zeigte in die Richtung des Pfeils: „Er ist irreführend. Dieser Pfeil führt zu den Gemächern des Inkakönigs und da sollen die Touristen gar nicht hin!"

Lange konnten wir uns nicht mehr zurückhalten. „Danke!", riefen wir dem verdutzten Reiseleiter zu, während wir an ihm vorbei stürmten. Auf zu den Königsgemächern!

Ganz außer Atem kamen wir dort an. Die Gemächer des Inkakönigs lagen im Zentrum des Palastes, genau in der Mitte! Die Mauern standen noch fast vollständig, man konnte sich richtig vorstellen, dass hier mal jemand gelebt hatte. Neugierig schauten wir uns um, der Raum sah ziemlich leer aus. Doch da, in der hintersten Ecke, erblickten wir eine ganz kleine rechteckige Öffnung. Wir gingen auf die Knie und versuchten zu erspähen, was dahinter lag. Für den Daily Lama war die Öffnung viel zu klein, deswegen krochen nur Tamia und ich hindurch. Wir gelangten in einen hohen Raum, von oben fiel Tageslicht herein, die Decke war schon lange zusammengefallen. Mehrere Pfeile aus verschieden farbigen Steinen liefen auf einen Punkt in der Mitte des Raumes zu. Wir erkannten, dass die Pfeile alle auf eine alte Amphore zeigten, die in der Mitte des Raumes aufgestellt war. Ganz vorsichtig gingen wir näher und untersuchten die Amphore. Ich schob meine Finger in die Öffnung und erspürte Papier. Nach einigem vorsichtigen Ziehen kam eine Pergamentschriftrolle zum Vorschein.

„Hey, was ist bei euch los", hörten wir die leicht panische Stimme des Daily Lamas. „Alles okay bei euch?", rief er.

„Ja, wir haben was gefunden!", jubelten wir und krochen mit der Schriftrolle zurück durch die Öffnung zum Daily Lama. Der war schon ganz weiß um die Schnauze und schien erleichtert, uns wiederzusehen. Gemeinsam rollten wir die Schriftrolle auf:

Liebe Zweibeiner,

wir sind die geheimen Hüter der Inkakultur, und wir schauen mit Besorgnis auf Machu Picchu. Jeden Tag werden die Ruinen von Besuchern überschwemmt und es werden immer mehr! Sie schauen durch ihre Handys und vergessen dabei, welche außergewöhnliche Kultur hier einst gelebt hat. Deswegen haben wir den Intihuana-Stein verschwinden lassen – als Signal und Warnung. Wenn ihr den Stein zurückwollt, müsst ihr Experte für die Inkakultur werden, ihr müsst auf ihren Pfaden reisen, Rätsel um Rätsel lösen und auch Gefahren überwinden. Auf der Rückseite befindet sich eine Karte. Auf ihr sind die alten Inkapfade verzeichnet, deren Netz sich damals über viele tausende Kilometer erstreckte. Die erste Station ist eingezeichnet, dort müsst ihr das erste Rätsel lösen und damit die nächste Station finden. Merkt euch, alle Aufgaben haben mit den Inka zu tun!
Passt auf die Karte auf wie auf einen Schatz, sie wird euer wertvollster Begleiter sein.

Viel Glück auf eurem Abenteuer.

Die Hüter von Inti

Ehrfürchtig betrachteten wir die alte Karte, die an den Rändern ein bisschen verkokelt aussah. Der Regenwald, die Anden und die Küste waren eingezeichnet, außerdem las ich viele verschlungene Namen und sah kleine gezeichnete Festungen und Vulkane. Doch da schnappte auch schon der Daily Lama nach der Karte. „Hiermit ernenne ich mich selbst zum Träger der Karte, denn wie ihr bestimmt wisst, habe ich noch nie etwas verloren!“, sagte er selbstbewusst. Verdattert schaute ich Tamia an, doch keiner von uns widersprach. Also schob der Daily Lama die Karte vorsichtig in seine bunt bestickte Bauchtasche. Ich war gespannt, wo uns die Karte hinführen würde.

Warum wollte der Daily Lama, dass die Kinder schlafen, bevor sie auf die Suche nach dem Stein gehen?
Blätter dazu auf Seite 112.

Wie wir eine verwobene Botschaft deuteten

Die Landschaft um mich herum wankte ein bisschen, als ich die grün bewachsenen Berge betrachtete. Das lag daran, dass Tamia und ich uns auf einem Lamarücken befanden. Der Daily Lama hatte sich bereit erklärt, uns zu tragen und so kamen wir erheblich schneller voran. Auf unserer Karte war das Dorf Quochamoco als erste Station eingezeichnet, der Ortsname war mit einem dicken Kringel umrandet. Das Dorf lag hoch oben in den Anden und war unser erstes Ziel.

Antay hatte angeboten, uns zu begleiten. Er wusste eine Menge über die Inka: Er erzählte uns, dass genau auf dem Pfad, dem wir gerade folgten, auch schon damals vor vielen Hunderten von Jahren die Boten der Inka unterwegs gewesen waren. Damals musste die Wolle aus den Bergen ins Tal gebracht werden und besondere Pflanzen aus den Regenwäldern wurden in die Berge transportiert.

Ich bemerkte erst gar nicht, dass wir Quochamoco erreicht hatten, denn es bestand lediglich aus ein paar Steinhäusern, die sich an den steilen Berghang schmiegten. Auf den umliegenden Wiesen grasten Alpakas. Die erkannte ich an ihren geraden Ohren und ihrem ordentlichen Fell. Eine Gruppe Kinder rannte auf uns zu, sie alle waren schwarzhaarig, trugen bunt bestickte Mützen auf dem Kopf und waren in dicke Ponchos gehüllt. Einige traten schüchtern hervor und begrüßten uns. Die meisten schauten uns aber einfach nur neugierig an. Ein Junge namens Christobal stellte sich uns vor und fragte, was wir in ihrem abgelegenen Dorf machten. Doch bevor wir erklären konnten, wie wir unseren Weg hierher gefunden hatten, stieß ein kleines Mädchen mit einem großen Lama im Schlepptau zur Gruppe dazu.

Sie sagte: „Schau mal, Yaku, Lamas sind zu Besuch gekommen!"

Das Lama war ganz aufgeregt, den Daily Lama und Antay zu sehen. „Endlich mal ein paar richtige Lamas!", rief es glücklich. „In der Gesellschaft der Alpakas hier langweile ich mich manchmal zu Tode", seufzte es.

Plötzlich fing es an, wie aus Kübeln zu regnen. Die Kinder nahmen uns an der Hand und wie in einer Polonaise rannten wir zur Steinhütte, zu der Christobal uns führte. Hinter uns bückten sich die drei Lamas unter der niedrigen Tür hindurch. Ich blinzelte, das Innere der Hütte war schummrig, in der Mitte befand sich eine Feuerstelle. Davor stand eine Frau, das musste Christobals Mama sein. Wir stellten uns vor und erzählten ihr und der versammelten Runde neugieriger Kinder, was uns hierhergeführt hatte: „Also sind wir jetzt auf den Spuren der Inka unterwegs, um den Intihuana-Stein zu finden", schloss ich.

Christobal sagte: „Wenn ihr etwas über die vielen Traditionen der Inka lernen wollt, seid ihr hier eigentlich genau richtig! Wir leben nach vielen Traditionen der Inka."

Die Kinder erzählten uns von ihrem Alltag. Sie schienen viel mehr draußen zu sein als wir und kannten sich mit Pflanzen und Natur aus, und ein Handy besaß keiner von ihnen.

„Wisst ihr denn von einem Rätsel, das wir lösen könnten?", fragte ich nun. Wir musste hier ja die Hinweise für die nächste Station finden. Die Kinder überlegten und tuschelten untereinander.

„Ja", piepte nun ein kleines Mädchen. „In der Webhütte von der alten Lucia ist über Nacht ein alter Teppich aufgetaucht. Keiner weiß, warum und von wem!" Es gab zustimmendes Gemurmel von den anderen Kindern.

Das klang vielversprechend! Unsere Reisegruppe machte sich also auf zur Webhütte. Dort angelangt, sahen wir eine Frau, die aussah, als könnte sie meine Urgroßmutter sein – das musste Lucia sein. Als sie mich anlächelte, erkannte ich, dass ihr zwei Zähne fehlten. Ihre Augen leuchteten aber voller Energie. Die Wände der Hütte waren mit großen, kunstvollen Teppichen ausgekleidet. Zwei große Holzrahmen standen mitten im Raum, an den Wänden stapelten sich Ballen von Alpakawolle.

Lucia schien gar nicht überrascht, sondern erweckte den Eindruck, als hätte sie uns bereits erwartet. Sie holte Yaku zu sich und stellte sich an ein Ende des Holzrahmens. Dann warf sie ein Wollknäuel, dem ein Faden folgte, von ihrer Seite auf die gegenüberliegende Seite zu Yaku. Er fing ihn geschickt auf, wickelte den Faden einmal um den seitlichen Holzbalken und warf die Wolle wieder zurück. Anscheinend konnten in diesem Dorf sogar die Lamas weben. So bespannten sie die zwei Rahmen. Lucia winkte uns zu sich, wir sollten ihr erstmal über die Schulter schauen.

Tamia und ich waren aber ganz ungeduldig. Wir wollten uns doch den geheimnisvollen Teppich anschauen – wo war der denn? Lucia hatte uns dabei beobachtet, wie wir die Wände mit unseren Augen absuchten.

„Ihr seid bestimmt auf der Suche nach dem neuen Teppich“, zwinkerte sie uns verschwörerisch zu.

„Ja“, rief Tamia. „Wir suchen nach Hinweisen für unsere nächste Reisestation.“

„Um den Teppich entziffern zu können, müsst ihr erstmal in die Kunst des Webens eingeweiht werden“, bestimmte Lucia. „Danach zeige ich euch den Teppich.“

Wir gaben widerwillig nach – eigentlich hatte ich keine Lust, zuzuhören und mir etwas erklären zu lassen. Auch Tamia sah nicht begeistert aus. Doch sie grinste und sagte: „Wenigstens kannst du dir einen ordentlichen Poncho weben, der wärmt besser als dein Pulli.“

Eigentlich fand ich nichts an meinem Lieblingspulli auszusetzen, doch ich schwieg.

Neben Lucia türmte sich Wolle in verschiedensten Farben, alles mit Hilfe der Natur hergestellt, erzählte sie. Die alte Frau und die Lamas zeigten uns den Ablauf am Webrahmen. Nach einer Weile wussten wir, wie man das „Schiffchen“, das Holzstück, in dem der Faden eingespannt war, durch die Wollbahnen bugsierte. Dann zeigte sie uns nun die Muster auf ihrem eigenen Poncho. „Jede Farbe und jedes Muster ist von Bedeutung. Das hier ist ‚Inti‘, die Sonne“, Lucia zeigte auf ein dreistufiges Kreuz, das von einem Kreis umschlossen war, die Fäden rund herum sahen aus wie Strahlen. Sie erklärte uns fast jedes Symbol auf ihrem bunten Poncho. Am Anfang war es gar nicht so leicht, die Formen voneinander zu unterscheiden. Aber irgendwann hatte ich den Dreh raus.

Wir webten vor uns hin. Es war ein ungewohntes Gefühl, an diesem großen Webrahmen zu sitzen und das Schiffchen auf und ab durch die gespannten Fäden zu führen. Doch nach fünf Minuten hatte ich keine Lust mehr, alles ging viel langsamer voran, als ich dachte. Auch Tamia hatte genug: „So, können wir jetzt endlich den Teppich anschauen?"

Bevor Lucia etwas sagen konnte, wies uns schon der Daily Lama zurecht. Er schüttelte streng den Kopf: „Nein, denn das Interessanteste kommt doch erst jetzt: Ihr müsst durchhalten, bis ihr die Anfangsschritte gemeistert habt. Dann fängt es auch an, Spaß zu machen. Und ihr bekommt ein Gefühl fürs Weben und die Sprache der Webkunst. Außerdem soll dein Poncho doch fertig werden, oder, Sam?"

Tamia sagte ein bisschen frech: „So lehrerhaft redest du bestimmt auch mit deinen Fans auf dem Video-Kanal."

Ich musste kichern. Der Daily Lama wahrte weiterhin sein strenges Gesicht und wir gaben schließlich nach und machten weiter. Irgendwann bewegte sich das Schiffchen tatsächlich wie von selbst auf und ab, alle anderen Gedanken traten in den Hintergrund. Ich bewunderte die bunten Farben und die Muster, die durch meine Bewegung entstanden.

Erst als ich Durst bekam, schaute ich auf. Lucia war inzwischen verschwunden und nur noch die Lamas schauten uns zu. Ich stand auf und fragte Tamia, ob wir eine kleine Pause machen wollten. Wir streckten die Glieder aus und gingen durch die Hütte. Mein Blick fiel auf die großen Wandteppiche, die die ganze Hütte schmückten. Ein Teppich schien ganz neu zu sein. Seine Farben leuchteten intensiver als die der anderen Teppiche.

„Hey", rief ich Tamia und dem Daily Lama zu. „Ich glaube, das ist der neue Teppich, schaut mal, der sieht viel neuer aus als die anderen."

Zusammen stellten wir uns vor den Teppich, um ihn genauer zu betrachten. Was hatte Lucia gesagt? „Jedes Muster hat seine Bedeutung." Ich grübelte, ob ich mich noch an alle Symbole erinnern konnte, die Lucia erklärt hatte. Tamia und ich überlegten gemeinsam: Als erstes entdeckte ich auf dem Teppich das Symbol für Feuer. Es war aus roten Farben gewebt und sah aus wie ein zackiger Ball. Tamia dachte angestrengt nach und entdeckte das Symbol für Tal. Eine Kurve, die aussah wie der Buchstabe U.

„Hmm, Feuertal?", grübelte ich laut.

Ich dachte nach und ging im Kopf alle Symbole durch, die Lucia uns erklärt hatte. Am Anfang hörte ich noch, wie Tamia neben mir eine Melodie summte und der Daily Lama leise schnaubte. Doch

dann berührte ich mein Amulett und formte mit den Händen das Drachendreieck. Meine Fingerspitzen berührten sich leicht und ich merkte, wie ich nach und nach alles ausblenden konnte.

Da fiel es mir ein: „Tamia, diese Spitze, das bedeutet Berg!“

„Lasst uns auf der Karte schauen, was für Berge es hier in der Nähe gibt“, schlug sie vor.

Der Daily Lama breitete die Karte vor uns aus. Wir sahen keine richtigen vereinzelten Berge, nur Regenwald, die Anden, wilde Flüsse und einen Vulkan. Moment mal, Vulkan? Ich blickte auf – Tamias Augen funkelten mich an.

„Ein Feuerberg, der im Tal liegt – damit ist der Vulkan gemeint!“, rief sie.

Auf der Karte stand in verschlungenen Buchstaben das Wort „Raqch'i“.

Der Daily Lama hob die Karte hoch über seinen Kopf und verkündete: „Also, meine Freunde, unser nächstes Ziel sind die Ruinen von Raqch'i, am Fuße des Vulkans!“ Er nahm einen Stift aus seinem bunt besticken Beutel und zeichnete den Weg ein. Mit einer dramatischen Geste rollte er die Karte wieder zusammen und steckte sie ein. „Sam, Tamia, ruht euch jetzt am besten aus. Wir haben einen langen Weg vor uns.“

Warum wir Ziele brauchen,
findest du auf Seite 111 heraus.

Wie wir unter den Sternen ein Rätsel entdeckten

Als wir nach einem langen Lamaritt die Ruinen von Raqch'i erreichten, dämmerte es schon. Sie lagen zwar in einem Tal, trotzdem befanden wir uns noch auf über 3000 Metern Höhe. Mit bloßem Auge konnte ich gar nicht das Ende der Anlage erkennen, so verstreut waren die Reste der Bauten. Ich sah viele lange Mauern, die sich durch das grüne Gras zogen, und runde Hütten ohne Dach. Doch am auffälligsten waren mehrere Mauern in der Mitte, die so aussahen, als seien sie höher als der Zehnmeter-Turm zu Hause im Freibad.

Mittlerweile war aus unserer Gruppe schon eine kleine Lamakarawane geworden, bei jeder Station schlossen sich uns Lamas an. Tamia ritt jetzt auf Antays Rücken. Wahrscheinlich waren die Lamas auch neugierig, wo uns unser Abenteuer hinführen würde und folgten uns deswegen. Die Sonne stand schon tief. Gedankenverloren strich ich mit der Hand über meinen neuen Poncho.

Das Lama Yaku hatte hier eine Cousine, bei ihr wollten wir Unterschlupf für die Nacht finden. Er führte uns zu einem der runden Häuschen, die ich schon aus der Ferne beobachtet hatte, dahinter floss der Urubamba. Von Weitem sah ich, dass am Flussufer eine Gruppe Lamas stand, sie schienen zu baden und aus dem kühlen Fluss zu trinken.

„Bienvenido, herzlich willkommen bei den Ruinen von Raqch'i, riss mich eine sanfte Stimme aus meinen Beobachtungen. Ich blickte in das Gesicht einer vornehmen Lamadame, die aus dem Haus gekommen war und die mich unter langen Wimpern anschaute.

In ihr Fell waren pinke und rosafarbene Bänder eingeflochten und sogar eine Haarlocke zwischen ihren Ohren war rosa! Dazu hatte sie Hunderte von kleinen goldenen Glitzersternchen auf ihrem Fell verteilt. Sie knickste und sagte: „Ich bin Eréndira, die Cousine von Yaku."

Yaku flüsterte uns nun ins Ohr, dass Eréndira von einer mexikanischen Lamaprinzessin abstammte. Mittlerweile war es stockdunkel geworden und Eréndira deutete mit einem Winken an, ihr ins Haus zu folgen. Dort luden wir stöhnend unsere Rucksäcke ab. So eine Reise auf dem Lamarücken war ganz schön anstrengend! Wir machten es uns mit unseren Decken gemütlich. Die anderen Lamas verteilten sich im ganzen Raum und schlummerten bald tief und fest. Das Feuer verbreitete eine angenehme Wärme. Die Holzscheite knisterten, hin und wieder flogen kleine Funken durch die Hütte.

Plötzlich raschelte es, das Feuer war ganz klein geworden – ich musste eingeschlafen sein, von Tamia und dem Daily Lama hörte ich leises Schnarchen. Was raschelte da so? Ich drehte mich um und merkte, dass Eréndira neben mir saß und mich ruhig beobachtete. Es waren ihre bunten Bänder gewesen, die so geknistert hatten! Doch bevor ich etwas sagen konnte, begann sie mit melodischer Stimme: „Meine lieben Gäste, ich bitte euch, mir aus der Hütte zu folgen. Nehmt eure Decken mit, ich werde euch draußen eine Inkalegende erzählen."

Nun bewegten sich auch die Deckenberge, unter denen sich Tamia und der Daily Lama befanden. Verschlafene Gesichter schauten mich hilfesuchend an. Der Daily Lama ging schließlich tapfer voran, er bückte sich unter der Tür hindurch und wir folgten ihm ins Freie. Die anderen Lamas hatten nichts mitbekommen und schliefen in der heimeligen Hütte weiter. Die hatten es gut! Wir gingen auf die andere Seite der Steinhütte. In den Garten, der nur ein paar Schritte vom Fluss entfernt war. Eréndira erwartete uns lächelnd, dann gebot sie: „Legt euch hin, mummelt euch warm ein und hört gut zu." Wir rückten eng auf dem Boden zusammen, ich lag zwischen dem Daily Lama und Tamia und auch Eréndira hatte sich flach auf den Boden gelegt und den Blick zum Himmel gerichtet. Ich lauschte ihrer Stimme aufmerksam.

„Schaut nach oben zu den Sternen“, sagte sie.

Wow, ich hatte noch nie so viele Sterne gesehen wie hier! Der ganze Himmel war übersät mit leuchtenden Tupfern.

„Seht ihr die Milchstraße? Sie ist das große, helle Sternenband direkt über uns.“ Ich schaute genau hin und tatsächlich konnte ich ein Sternenband entdecken, das sich wie ein Fluss durch den Himmel zog.

„Seht ihr auch die dunklen Stellen zwischen den hellen Sternen?“ Ich versuchte sie zu erkennen, aber irgendwie lenkten mich die Geräusche ab. Der Fluss rauschte so laut und in der Ferne zirpten Grillen. Ich formte mit den Händen das Drachendreieck, um mich zu sammeln, und richtete meinen Blick nach oben. Ich erkannte nun große dunkle Stellen zwischen den hellen Flächen.

Tamia stupste mich an: „Ja, ich sehe sie! Die haben ja lustige Formen!“, rief sie, sie klang schon viel wacher.

Eréndira fuhr fort: „Gut erkannt! Um diese Formen geht es. Das sind die Tiere, die zum Fluss kommen, um zu trinken.“ Ich war ein bisschen irritiert. Die Formen sollten Tiere sein? Doch als ich länger den Himmel betrachtete, ergaben die Formen vor meinen Augen plötzlich Sinn.

Ich war ganz aufgeregt: „Ich glaube, ich erkenne einen Fuchs! Die Augen sind zwei Sterne!“

Tamia schaltete sich ein: „Ja, den sehe ich auch. Es sieht aus, als ob er an der linken Seite des Flussufers stehen würde, oder?“ Sie gestikulierte wild. Auch ich deutete aufgeregt mit meinen Händen Richtung Sternenhimmel: „Schaut mal, das da auf der anderen Seite des Flusses, direkt gegenüber vom Fuchs, das sieht genau aus wie ein Lama!“

Tamia kniff die Augen zusammen: „Stimmt, das habe ich auf den ersten Blick gar nicht gesehen!“

„Was man nicht alles sieht, wenn man sich Zeit nimmt", lächelte der Daily Lama gutmütig und zwinkerte uns zu.

Ich schaute noch einmal genau hin: „Aber was ist das Funkelnde in der Mitte, es scheint ein bisschen tiefer zu liegen? Sieht aus wie ein leuchtender Sternenhaufen ohne jede Form. Genau in der Mitte zwischen Fuchs und Lama, mitten im Fluss!"

Tamia kniff die Augen zusammen: „Hm, rätselhaft."

Da erklang wieder die melodische Stimme Eréndiras: „Ich sehe, ihr habt eine gute Beobachtungsgabe und viel Fantasie. Das wird euch auf eurem Weg helfen. Früher sagten die Priester der Inka, dass der Himmel die Erde und den Fluss hier unten spiegeln. Fällt euch auch in diesem Tal von Raqch'i eine Ähnlichkeit zum Himmelsfluss auf?" Mit dieser Frage erhob sie sich, ihre Bänder wehten hinter ihr her, während sie ohne ein weiteres Wort ins Haus verschwand.

„Ist das Sternenbild wirklich das Spiegelbild von dieser Landschaft hier?", fragte ich Tamia und den Daily Lama. „Das ist ja verrückt!"

Ich war inzwischen hundemüde und konnte die Augen kaum mehr offenhalten. Wie im Traum bekam ich mit, dass uns der Daily Lama wieder zurück ins Haus trug, wo es schön warm und kuschelig war. Doch dann driftete ich ab in einen tiefen Schlaf.

In der Nacht träumte ich vom Daily Lama, der vor einem Spiegel stand und Grimassen schnitt und dann in einem Zug den Zahnpastabecher leerte, weil er so großen Durst hatte. Beim Aufwachen merkte ich, dass ich es war, der großen Durst hatte! Mein Hals fühlte sich ganz trocken an. Ich setzte mich auf und sah mich um. Tamia war schon wach. Gemeinsam schnappten wir uns jeweils einen Wasserkrug und liefen in der frischen Morgenluft zur Wasserstelle, die ich gestern gesehen hatte. Dort waren schon unsere Lamas versammelt, die sich fröhlich wuschen. Nach einer lauten Begrüßung nahmen wir die Wasserkrüge, befüllten sie und tranken gierig das frische Wasser daraus. Noch nie hatte mir Wasser so gut geschmeckt!

Auf dem gegenüberliegenden Ufer entdeckte ich eine rötliche, buschige Form. War das etwa ein Fuchs?, wunderte ich mich. Genau wie gestern im Sternenbild, fiel mir ein! Aber Füchse waren doch nachtaktiv, dachte ich. Ich schaute genauer hin und erkannte, dass es sich nur um einen Busch handelte. Ich schüttelte verwirrt den Kopf. Ich war wohl noch nicht ganz wach. Aber auch Tamia starrte auf die andere Seite. Sie schaute mich an und drehte sich dann zu den Lamas auf unserer Seite.

„Du, Sam? Erinnert dich das an das Sternenbild, das wir gestern gesehen haben?“, fragte sie langsam. „Auf der einen Seite des Flusses befanden sich die Lamas, auf der anderen ein Fuchs.“

„Das ist doch nur ein Busch“, korrigierte ich sie vorsichtig.

Tamia schien mich nicht gehört zu haben. Ihr Blick richtete sich erst zum Fuchs und dann auf die Gruppe Lamas, die genau gegenüber am Flussufer plauderten.

„Wenn alles hier unten so ist wie oben im Himmel, dann könnten wir rausfinden, was es mit dem Sternenhaufen in der Mitte des Flusses auf sich hat“, überlegte sie nun laut.

„Du meinst, wir sollen schauen, ob wir etwas in der Mitte des Flusses finden?“, fragte ich.

Tamia war Feuer und Flamme und rollte sich schon die Hosenbeine hoch, ich tat es ihr nach. Die Lamas schauten uns neugierig dabei zu, wie wir beide in den Fluss wateten. Au, war das kalt!

In der Mitte des Flusses angekommen, stieß ich plötzlich mit der Zehenspitze gegen etwas Weiches. „Iiiih, ist das eine Schlange? Hilfe!“, schrie ich. Doch nach dem ersten Schrecken merkte ich, dass es eher ein Gegenstand zu sein schien, denn es bewegte sich nicht.

Ich schaute beschämt zu Tamia, die ein Lachen unterdrücken musste. Wir griffen mit den Händen unter Wasser und berührten etwas, das sich anfühlte wie weiches Leder. Es schien zwischen zwei Steinen festzustecken. Gemeinsam packten wir es und hoben es nach oben. Zum Vorschein kam ein Sack! Schnell wateten wir zurück ans Ufer, meine Füße waren mittlerweile zwei Eisklötze.

Die Lamas bildeten sofort einen kleinen Kreis um uns und beugten sich neugierig zu uns herunter. Tamia zog etwas aus dem Beutel hervor: Ein Tau!

„Was ist das?“, fragte ich verdattert.

„Das muss ein Hinweis für die nächste Station sein“, meinte der Daily Lama.

Es sah aus wie eine Liane! Liane, Liane ..., schon fing mein Kopf an zu rattern. Wo hatte ich Lianen gesehen? Im Tarzanfilm. Wo spielte Tarzan? Im Dschungel. Also alles sonnenklar, ich hatte nicht mal das Amulett gebraucht!

„Tamia, wir müssen in den Regenwald. Da bin ich mir ganz sicher. Das hier ist eine Liane und die gibt es nur im Dschungel!" Ich war felsenfest überzeugt von meiner Theorie.

„Aber das ist doch keine Liane, das ist ein einfaches Seil", meinte sie zweifelnd.

„Hat du denn eine bessere Idee?", gab ich eingeschnappt zurück.

„Ich weiß nicht, Sam", meinte sie. „Ich glaube, im Amazonasgebiet hatten die Inka früher gar keine Tempelanlagen. Und in dem Brief stand doch, wir müssen den alten Wegen und Spuren der Inka folgen!"

„Vielleicht waren die Inka früher doch im Regenwald, nur du weißt davon nichts! Du weißt auch nicht immer alles!", erwiderte ich etwas pampig.

Da räusperte sich der Daily Lama: „Vielleicht solltet ihr noch ein bisschen länger darüber nachdenken. Wir haben doch den ganzen Tag Zeit und ihr könntet auch eine Nacht darüber schlafen. Am nächsten Tag hat man dann meist schon die Lösung in der Hand!" Ich schüttelte den Kopf: „Nein, ich will keine Zeit verlieren! Habt ihr vergessen, dass wir den Sonnenstein so schnell wie möglich zurückbringen wollen? Und woher wollt ihr denn wissen, dass die Inka nicht auch mit den Völkern im Urwald Handel getrieben haben? Zumindest ist der Regenwald auf der Karte eingezeichnet. Wir müssen ins Amazonasgebiet!"

Tamia verschränkte die Arme: „Sam, ich glaube wirklich, dass das die falsche Fährte ist. Es sieht auch gar nicht aus wie eine Liane, sondern wie ...", Tamia überlegte, „... wie ein Seil, aber aus etwas seltsamen Material." Sie schaute unsicher.

„Toll!" schnappte ich zurück. „Und was bringt uns das? Wohin würde uns das führen? Das macht doch keinen Sinn!"

Wir diskutierten noch eine Weile, der Daily Lama versuchte zu vermitteln. Schließlich gaben er und Tamia erschöpft nach, da sie keine bessere Idee hatten. „Also brechen wir morgen zum Amazonas auf", fasste ich triumphierend zusammen.

Aus dem Augenwinkel sah ich, wie Eréndira große Augen machte, und auch Yaku schien etwas sagen zu wollen.

Lerne, warum Pausen machen und Tagträumen wichtig sind, auf Seite 99.

Wie ein schwitzendes Lama trotz Regenwald klare Sicht bewahrte

Ich wischte mir den Schweiß von der Stirn, den Poncho hatte ich schon lange ausgezogen. Je näher wir dem Regenwald kamen, umso mehr veränderte sich das Klima. Die Luft war nicht mehr so trocken und klar wie in den Anden, sondern feucht und heiß. Ich saß mal wieder auf dem Rücken des Daily Lama und schaukelte vor mich hin. Vor uns stolzierte Eréndira, hinter uns trabte Antay mit Tamia und in kurzem Abstand folgte Yaku.

Yaku jammerte: „Wann sind wir denn endlich da?“ Das wusste ich auch nicht so genau.

Die letzte Nacht hatte ich gar nicht gut geschlafen. Ich war von der ganzen Reise ziemlich erschöpft. Ich war mir nun gar nicht mehr so sicher, ob ich mit meiner Lianentheorie Recht hatte. Was, wenn ich falsch lag? Ich hätte die ganze Karawane in die Irre geführt. Ich fühlte mich gar nicht gut, kam das von dem dauernden Geschunkel auf dem Lamarücken?

Tamia rief mir von hinten zu: „Schau mal, Sam! Denkst du, das da vorne ist der Amazonas?“

„Ja, kann schon sein!“, antwortete ich.

Seit gestern hatte sich die Stimmung zwischen uns wieder gebessert. Am Abend hatte der Daily Lama uns mit Lamawitzen zum Lachen gebracht, und wir konnten gar nicht anders, als uns wieder zu vertragen.

Wir trabten nun weiter, bis wir am Ufer des Flusses ankamen. Ich rutschte vom Daily Lama, dessen Fell feucht an ihm klebte. Die Lamas ließen sich auf den Boden fallen und ich schaute mich um.

Am Flussufer waren bunte Boote vertäut, die vorne spitz zuliefen. Daneben stand ein kleiner Mann mit einer Angel. Ich tippte ihm auf die Schulter und fragte in meinem inzwischen ziemlich guten Spanisch: „Señor, wie kommen wir denn von hier in den Regenwald?"

Der Mann sah mich ungläubig an: „Was willst du denn da, mein Junge?" Dann zeigte er auf den Fluss und erklärte: „Das hier ist ein Seitenarm des Amazonas. In den Dschungel kommt ihr nur über den Wasserweg, ihr müsst ein Boot nehmen!"

Ich schaute zu den Booten und fragte ihn dann: „Können Sie uns eins leihen?"

Er lachte: „Aber weißt du denn, wie man ein Boot steuert?" Ich wurde ganz rot. „Nein", sagte ich leise. Natürlich hatte ich keine Ahnung davon. Das Ganze war eine blöde Idee.

„Mein Sohn kann euch fahren", sagte der kleine Mann nun versöhnlich. „Er ist ein exzellenter Ruderer."

Mein Bauch fühlte sich jetzt noch grummeliger an als vorher. Ich hätte nicht gedacht, dass es so aufwändig sein würde, in den Regenwald zu gelangen. Jetzt mussten wir sogar ein Boot nehmen! Aber ich versuchte, mir nichts anmerken zu lassen, deswegen drehte ich mich zu unserer kleinen Reisegruppe um, die erschöpft auf dem Boden saß: „He, gute Nachrichten. Wenn wir von hier aus ein Boot nehmen, kommen wir in den richtigen Dschungel!"

Ein Seufzen ging durch die Runde, der Daily Lama richtete sich mühsam auf, doch die anderen Lamas blieben einfach liegen.

Yaku begann: „Ach, so ein Boot ist doch klein, da passen wir sowieso nicht alle drauf."

Eréndira fiel ein: „Und da sind bestimmt überall Schlangen und Taranteln, da will ich auf keinen Fall mit." Ihre bunten Bänder klebten ganz nass an ihrem Fell.

Antay tat einfach, als wäre er tief und fest eingeschlafen. Der Daily Lama stellte sich neben mich: „Ich bin dabei, Sam, auch wenn ich das Gefühl habe, Lamas sind eher ungeeignet für den Regenwald."

Tamia legte mir den Arm um die Schulter: „Ich komme natürlich auch mit, Sam, ich kann dich doch nicht allein mit den Flusskaimanen lassen", sagte sie halb im Spaß, doch ich sah, dass sich eine Sorgenfalte auf ihrer Stirn gebildet hatte.

„Flusskaimane?", fragte ich.

„Das sind so ähnliche Tiere wie Krokodile, viel gefährlicher als Haie", antwortete sie. Sie war etwas blass um die Nase.

Mich überlief eine Gänsehaut und dazu plagte mich ein schlechtes Gewissen. Was, wenn ich falsch lag mit meiner Theorie? Ich wollte doch niemanden unnötig in Gefahr bringen. Am liebsten hätte ich die ganze Sache abgeblasen. Aber ich wusste nicht wie – und wie sollte es danach dann auch weitergehen?

Mittlerweile hatte der Angler seinen Sohn geholt, einen großgewachsenen Jungen, der seinen Vater überragte. Er musste schon mindestens in der zwölften Klasse sein, dachte ich.

Leichtfüßig hüpfte er aufs Boot und schnappte sich die Paddel. „Ich bin Juri, kann es losgehen?", fragte er fröhlich. Tamia und ich stellten uns ganz nach vorne an die Reling. Der Daily Lama nahm schwankend auf der Bank Platz. Wir konnten gerade noch dem Rest der Bande zuwinken, da ging es schon los. Das Wasser war grünlich braun und obwohl ich ängstlich Ausschau hielt, konnte ich noch keine Flusskaimane entdecken. Umso weiter wir fuhren, desto näher rückte der Urwald an die Ufer. Ich konnte riesige Bäume mit verschlungenen Wurzeln entdecken. Alles war ganz grün und dicht bewachsen. Ich hörte ein Krächzen. Tamia zeigte aufgeregt nach oben: „Schau mal, ein Papagei!" Da flog ein Vogel, der knallgrüne Federn und einen rot-blau-gelben Kopf hatte. Der

Himmel war nebelverhangen und mein T-Shirt klebte feucht auf meiner Haut. Irgendwie hatte der Fluss etwas Unheimliches, das Wasser war so undurchsichtig wie der Goldfischtümpel von Ella zu Hause. Die Geräusche aus der Natur nahmen immer mehr zu: Wir hörten es krächzen und schnattern und manchmal sogar ein Brüllen, wenn auch weit entfernt.

Tamia hatte sich nach vorne gestellt, in der Hand hielt sie unsere Karte, sie wollte herausfinden, in welchem Seitenarm des Amazonas wir uns befanden. Inzwischen war sie richtig begeistert und hielt Ausschau nach allen möglichen Tieren: „Schaut mal, ist das da am Ufer nicht ein Brüllaffe?"

Sie beugte sich neugierig vor und ließ dann plötzlich einen gellenden Schrei los. Ich riss die Augen auf. Direkt vor unserem Boot, genau vor Tamia öffnete sich ein riesiges Maul! Es zeigte grün bewachsene Zähne, dahinter lagen zwei gelbliche Augenschlitze.

„Ein Flusskaiman!“, keuchte Tamia und taumelte zurück, dabei stolperte sie über die Sitzbank und kippte in Richtung seitlicher Reling. Ich zog sie gerade noch am T-Shirt zurück, damit sie nicht ins Wasser fiel, doch durch den Ruck fiel ihr die Karte aus der Hand. Sie flog in hohem Bogen durch die Luft und versank dann im dunkelgrünen Wasser. Tamia und ich sanken schwer atmend auf die Bank zurück.

Mir schnürte es die Kehle zu. Es war gerade brandgefährlich für Tamia geworden. Und das lag alles an mir, denn es war meine Idee gewesen, hierher zu kommen. „Es tut mir leid!“, brach es aus mir heraus. Bei dem Gedanken, was Tamia hätte passieren können,

konnte ich die Tränen nicht mehr zurückhalten. Der Daily Lama zog Tamia und mich auf die Sitzbank und strich mir beruhigend über den Rücken. Jetzt sprudelten die Worte aus mir hervor: „Ich war mir schon den ganzen Morgen unsicher. Aber ich konnte das nicht zugeben, nachdem ich euch alle hierzu überredet habe! Ich wollte doch alles richtig machen und den Stein so schnell wie möglich finden."

Der Daily Lama zauberte ein Taschentuch aus seinem Beutel hervor, tröstete mich und sagte dann: „Weißt du, das klingt, als ob du auf keinen Fall einen Fehler machen wolltest. Dabei ist es ganz normal und natürlich, manchmal eine falsche Entscheidung zu treffen."

Tamia nickte: „Ja, ich habe zum Beispiel auch vor ein paar Wochen vergessen, meine Cousine vom Kindergarten abzuholen. Ich wollte den Fehler erst nicht zugeben, aber am Ende war Mama gar nicht so sauer."

Das beruhigte mich schon ein wenig. „Gestern dachte ich wirklich, dass ich einen tollen Geistesblitz hatte! Aber ich war auch ziemlich ungeduldig. Ich wollte schnell ans Ziel kommen."

Der Daily Lama wiegte den Kopf und sagte: „Schnell sein ist nicht immer die Lösung. In so einer Situation ist es manchmal besser, nochmal innezuhalten."

Ich überlegte: „Vielleicht hätten wir echt noch einmal eine Nacht darüber schlafen sollen, so wie wir es gemacht haben, bevor wir das Rätsel vom Machu Picchu gelöst haben."

„Genau", sagte Tamia nun und rückte ein bisschen näher zu mir: „Aber mach dir jetzt keine Sorgen mehr, wir halten zusammen und gemeinsam werden wir auch noch die nächsten Rätsel schaffen." Sie lächelte mich an, und schon war das grummelige Gefühl in meinem Bauch verschwunden.

Der Daily Lama meldete sich wieder zu Wort: „Also, ich schlage vor, wir drehen um, ich will wieder festen Boden unter den Füßen haben.“ Der Daiy Lama gab Juri ein Zeichen, den Rückweg einzuschlagen. Er wirbelte mit den Paddeln und das Boot drehte sich wieder Richtung Steg.

Da stieß Tamia auf einmal wieder einen kleinen Schrei aus. Panisch hielt ich nach einem Kaiman Ausschau. War dieser Albtraum nicht langsam zu Ende? Doch da sah ich es: Eine ganze Horde von rosafarbenen Delphinen hüpfte in Bögen aus dem Wasser, nur ein paar Meter von unserem Boot entfernt. Es sah wunderschön aus. „Wow“, sagte Tamia, „allein dafür hat sich der Ausflug in den Amazonas gelohnt!“

Als wir auf den Steg traten hielt mich Juri am Ärmel zurück und drückte mir eine nasse Papierrolle in die Hand: „Hier, die habe ich für euch aus dem Wasser gefischt.“ Die Karte! Die hatte ich komplett vergessen! Spontan umarmte ich Juri und gab die Karte an den Daily Lama weiter. Zum Glück hatte unser Kapitän keine große Angst vor Flusskaimanen gehabt. Jetzt konnten wir unsere Suche fortsetzen.

Weißt du, warum Fehler eigentlich sehr nützlich sind? Lies es nach auf S. 110.

Wie wir eine Brücke aus Gras überquerten und ein langhaariges Alpaka uns einen Auftrag erteilte

Ich spürte kratziges Fell an meiner Wange. Langsam öffnete ich die Augen. Ich musste wohl eingeschlafen sein. Das Schunkeln auf dem Rücken des Daily Lama konnte ganz schön müde machen. Ich richtete mich auf und schaute mich um: Wo waren wir denn hier gelandet? Das Grün des Amazonas war verschwunden, stattdessen sah ich eine weite Ebene, bedeckt mit gelblichem, trockenem Gras und vereinzelten grünen Pflanzen. Dazwischen ragten felsige Berge in die Höhe.

Ich atmete die klare Luft ein und war froh, dass es nicht mehr so schwül war wie im Dschungel. Ich sah nach hinten. Tamia wirkte putzmunter auf Antays Rücken. Wir hatten einstimmig beschlossen, wieder in Richtung Anden zu reiten und dort nach weiteren Spuren der Inka zu suchen. Die Karte hatten wir gestern noch in der Sonne getrocknet und grob die Richtung eingezeichnet, in die wir reiten wollten. Auch wenn wir noch kein konkretes Ziel hatten.

Da riss mich Tamia mit einem strahlenden Lächeln aus meinen Gedanken, sie winkte mir zu: „He, Sam, du hast ganz schön lange geschlafen!“

Antay trabte neben den Daily Lama. Ich richtete den Blick nach vorne, plötzlich sah die Ebene gar nicht mehr so leer aus.

„Schau mal, Daily Lama, siehst du das auch?“ Der Daily Lama streckte seinen Kopf und antwortete: „Meinst du die Frauen mit den großen, bunt bestickten Röcken? Klar, die sind ja kaum zu übersehen.“

Tamia schaltete sich ein: „Was machen die denn da? Sieht aus, als würden sie irgendetwas flechten!“ Die Lamas wechselten in einen raschen Galopp und schnell waren wir umgeben von einem bunten Treiben. Wir sahen nicht nur Frauen, sondern auch Kinder und Männer, die bunt bestickte Hüte und Hemden trugen. Sie waren so beschäftigt, dass sie uns zuerst gar nicht bemerkten. Mit flinken Fingern flochten sie Andengras, warum genau, konnte ich noch nicht herausfinden.

Doch da trabte schon ein Lama mit langem, weißem Fell auf uns zu. Es verbeugte sich. Bei genauerem Hinsehen stellte ich fest, dass es ein Alpaka war. Seine Ohren waren nämlich ganz gerade, daran konnte man sie gut erkennen. „Hey, ihr Lieben, ich habe eure Karawane schon von weitem erspäht und gedacht: Die Lamas mit ihren Gefährten will ich herzlich willkommen heißen. Mein Name ist Alpacu.“

Ich wunderte mich ein bisschen, warum ein fremdes Alpaka uns so herzlich begrüßte. Aber in Peru war man eben sehr gastfreundlich. Alpacu fuhr fort: „Ich weiß nicht, ob ihr es schon bemerkt habt. Aber ihr seid gerade noch rechtzeitig gekommen, um etwas Besonderes mitzuerleben. Die Q'iswachaka-Brücke ist fast fertig!"

Tamia fragte: „Was für eine Brücke?"

Das Alpaka antwortete wie aus der Pistole geschossen: „Na, die Brücke aus Gras! Seit der Inkazeit wird sie jedes Jahr neu geflochten. Ganz aus Andengras! Es gibt keinen anderen Weg, den Apurímac-Fluss zu überwinden."

Jetzt erinnerte ich mich auch, dass auf unserer Karte eine Brücke eingezeichnet war, trotzdem fragte ich: „Die Brücke ist wirklich ganz aus Gras?"

Wir schauten uns neugierig um. Jetzt sahen wir auch, was die Leute flochten, lange, dicke Grashalme, die sie zu kordelartigen Seilen verarbeiteten. Sie sahen genauso aus wie das Tau, das wir im Urubama-Fluss gefunden hatten. Tamia hatte Recht gehabt, es war ein Seil gewesen! Schuldbewusst schielte ich zu Tamia rüber, doch die zwinkerte mir fröhlich zu, während sie auf die Seile zeigte. Ich beobachtete, wie Yaku von einem kleinen Mädchen mit Zöpfen eine Standpauke erhielt. Er hatte etwas von ihrem Grasbüschel genascht. Ich grinste.

Da stupste Alpacu uns an: „Los, ihr könnt mithelfen, die letzten Seile zu flechten!"

Tamia und ich staksten hinter ihm her, von dem langen Ritt ein wenig unsicher auf den Beinen. Er führte uns zu dem kleinen Mädchen, das gerade Yaku ermahnt hatte. Mit ruhiger Stimme erklärte es uns, wie wir die Halme übereinanderlegen mussten, damit sie zu einem stabilen Seil wurden. Am Anfang war es schwierig, doch ich erinnerte mich, wie ruhig ich beim Weben gewesen war. Ich umschloss kurz mein Amulett, nahm einige tiefe Atemzüge und fing dann an, konzentriert Halm um Halm zu verflechten. Irgendwann sah ich zu Tamia hoch. Sie wirkte ganz vertieft in ihre Aufgabe und auch der Daily Lama war ganz eifrig bei der Sache. Er merkte, dass ich ihn beobachtet hatte und sah auf: „Schaut mal, diese Leute hier müssen einander komplett vertrauen. Wenn sie nicht glauben, dass ihr Nachbar seine Arbeit gut macht, dann hieße das, dass keiner die fertige Brücke überqueren könnte. Aber um sicherzugehen, dass keine Fehler passieren, arbeiten sie auch zusammen und verbessern sich gegenseitig."

Ich grinste: „Über Fehler habe ich ja schon gestern einiges gelernt. Vielleicht können wir ja gegenseitig unsere geflochtenen Seile überprüfen, damit sie stabil sind."

Tamia nickte: „Gute Idee", sagte sie, während sie ihren Kopf konzentriert über die Flechtarbeit beugte.

Eine Stunde später standen wir vor der Brücke aus Gras. Es hatte spektakulär ausgesehen, wie die Männer auf der halbfertigen Brücke die letzten Seile angebracht hatten. Und jetzt war die Q'iswachaka-Brücke fertig. Für mich sah sie immer noch nicht so vertrauenserweckend aus, schließlich war sie ganz aus Gras! Ich wollte gar nicht daran denken. Wir mussten über die Brücke, um weiterzukommen, denn der Pfad, auf dem wir gekommen waren, würde uns nur zurück in den Dschungel führen. Ich drehte mich zum Daily Lama um, auch er war ein bisschen blass um die Schnauze. Doch er sagte beruhigend zu uns: „Wir schaffen das, richtet den Blick nicht nach unten, sondern schaut nach vorne."

Ich machte einen Schritt vorwärts. Ich war selbst von meinem Mut überrascht, als ich die ersten Schritte auf der Brücke machte. „Fühlt sich eigentlich ganz stabil an", murmelte ich, obwohl die Brücke im Wind schwankte. Ich lugte kurz nach unten und sah den

Fluss tief und unergründlich glitzern. Schnell richtete ich den Blick wieder nach vorne und lief zügig zum anderen Ufer. Dort angekommen drehte ich mich zu Tamia um, die inzwischen in der Mitte der Brücke angekommen war. Sie machte langsame, wacklige Schritte, doch dann blieb sie plötzlich stehen. Sie schaute in die Tiefe und rief: „Das sieht so gefährlich aus, ich habe Angst!"

So nervös hatte ich Tamia noch nie erlebt. Sie kniff ihren Mund fest zusammen und ihre Augen waren riesengroß. „Ich will zurück!", rief sie verzweifelt.

Ich wollte ihr unbedingt helfen. Also stelle ich mich an den Rand der Brücke und sagte: „Tamia, schau mich an, schau nicht nach unten, sondern schau mich direkt an!" Sie folgte meinem Rat und sah mich mit besorgter Miene an. „Und jetzt stell dir vor, wie der Mut durch deinen Körper fließt!"

„Ich will lieber zurück", sagte sie mit zitternder Stimme.

„Nein, Tamia, zurück ist der Weg genauso weit, also geh lieber nach vorn. Konzentrier dich auf mich!"

Ich hörte, wie Tamia einmal ganz tief durchatmete. Dann schaute sie mich direkt an und lief los. Nach kurzer Zeit hatte sie wieder festen Boden unter den Füßen und fiel mir um den Hals. „Danke, danke, danke, Sam!", rief sie, „Ich dachte, das schaffe ich nie."

Ich drückte sie fest und sagte: „Ach was, ich war mir hundertprozentig sicher, dass du das schaffst!"

Wir beobachteten gemeinsam, wie ein Lama nach dem anderen die Brücke überquerte. Eine richtige Karawane, denn wir waren inzwischen zu sechst. Die Lamas hüpften nacheinander auf sicheren Boden und fielen in unsere Umarmung ein. Wir wurden zu einem riesigen Wollknäuel, das quickte und kicherte, je mehr Lamas dazukamen. Auch ich musste lachen. Der Daily Lama räusperte sich und sagte: „Ich bin stolz auf dich, Tamia, und ich bin stolz auf dich, Sam. Gerade hast du bewiesen, dass du selbst schon ein kleiner Konzentrationsmeister bist. Und dazu noch ein guter Freund." Ich strahlte.

Alpacu trat als letzter über die Brücke. Er erhob die Stimme: „Ich will euch in eurem Jubel ja nicht stören. Aber ich habe eine Bitte an euch." Wir lösten uns aus der Umarmung und schauten hoch zu Alpacu. Er holte eine Pergamentrolle aus seinem Beutel. „Könnt ihr diese Botschaft auf den höchsten Punkt des Berges bringen? Dort wartet ein weiterer Bote, er wird die Nachricht weitertragen."

Wir warteten ab, was das Alpaka noch erklären würde: „Es ist ein bisschen wie ein Staffellauf. Ihr werdet euch auf dem Pfad der Inka bewegen. Im Inkareich konnten die Boten über so ein Staffelsystem wichtige Botschaften im Laufe weniger Tage über große Strecken weiterleiten."

Ich seufzte ein bisschen: „Haben wir uns jetzt nicht eine Pause verdient? Ich meine, wir haben doch gerade erst diese Brücke gemeistert."

Tamia nickte bestätigend, sie war noch blass von der Anstrengung. Sie fügte hinzu: „Und ist es nicht langsam Zeit, den Sonnenstein zu finden? Wir haben doch schon so viele Rätsel gelöst!"

Alpacu antwortete bedächtig: „Eure Aufgabe lautete, den Spuren der Inka zu folgen. Nicht das Ziel, sondern der Weg dorthin ist das Wichtige."

„Hä?", platzte es aus Tamia raus. „Aber wie soll das Ganze ohne Ziel funktionieren? Wir haben uns doch auf den Weg gemacht, um den Stein zu finden." Tamia war richtig empört. Sie schien wirklich noch ein bisschen durch den Wind.

Alpacu antwortete gelassen: „Vielleicht ist diese Aufgabe ja ein weiterer Meilenstein auf eurem Weg, vertraut mir."

Ich schaltete mich ein: „Also gehört das zu unserem großen Rätsel dazu? Kommen wir danach wieder vom Berg runter?"

„Nein, danach müsst ihr nicht wieder umkehren, der Pfad wird euch in die richtige Richtung führen", antwortete Alpacu geheimnisvoll. Auf die erste Frage mit dem Rätsel gab er keine Antwort.

Eigentlich hätte ich noch gerne gefragt, warum wir uns nicht erst noch ein bisschen ausruhen konnten, doch Alpacu sah so respekteinflößend aus, dass ich lieber schwieg.

Nun lächelte das Alpaka uns an: „Ich wünsche euch viel Ausdauer und Kraft für den Aufstieg. Ihr müsst vor Anbruch der Dunkelheit aufbrechen, denn bei Nacht könnt ihr leicht den Tritt verlieren." Er drückte dem Daily Lama die Schriftrolle in die Hand. Dann nickte er uns allen einmal zu und überquerte dann ohne zu zögern wieder die Brücke aus Gras zurück zu den Dorfbewohnern.

Wie das Mondlicht zwei große Überraschungen enthüllte

Zuerst war ich doch stolz gewesen, dass Alpacu uns diese wichtige Aufgabe übertragen hatte, doch dann hatte ich nach oben geblickt. Die Spitze des Berges schien endlos weit entfernt. Und wir mussten den Weg noch dazu zu Fuß erklimmen! Das würde doch ewig dauern!

Trotzdem begannen wir mit dem Aufstieg. Der Pfad war so steil, dass es für die Lamas zu anstrengend war, uns auf dem Rücken zu tragen. Tamia ging vor mir den schmalen Weg entlang. Auch ihre Schritte waren langsamer als sonst. Vorsichtig setzte ich Fuß vor Fuß, mein Atem ging immer schwerer. Der Daily Lama, der hinter mir ging, bemerkte es. Er erhob die Stimme, sodass ihn die ganze Lamakarawane hören konnte. „Was haltet ihr davon, alle halbe Stunde eine kleine Pause zu machen? Dann können wir kurz durchatmen und unsere Batterien wieder aufladen."

Ich schaute den Daily Lama dankbar an. Die erste Pause legten wir sofort ein. Wir sanken auf die kalten Steine. Tagsüber war es angenehm warm und sonnig gewesen, doch die klare Luft kühlte sich abends schnell ab. Ich war froh, dass ich meinen Poncho trug.

Nach zehn Minuten fühlten wir uns schon fitter und setzten den Weg fort. So ging das eine ganze Weile: laufen, Pause einlegen, weiterwandern. Wir kamen gut voran. Tamia und ich vertrieben uns die Zeit, indem wir uns unsere Lieblingslieder vorsangen.

Doch langsam setzte die Dämmerung ein. Eine Zeit lang versuchten wir, es zu ignorieren, aber meine Hoffnung, dass wir den Gipfel noch bei Helligkeit erreichen würden, nahm bei jedem schwindenden Funken Tageslicht ein wenig ab. In der Dunkelheit würde es schwierig werden, dem schmalen Pfad zu folgen. Aber Alpacu hatte gesagt, dass es wichtig sei, noch heute die Botschaft zu überbringen.

Als es wirklich stockdunkel war, mussten wir schließlich eine Zwangspause einlegen. Die Lamas kamen schnaufend zum Stehen. Weil es so dunkel war, rempelten sich einige Lamas dabei unabsichtlich an.

„Im Dunkeln können wir überhaupt nichts sehen“, stöhnte ich. „Wie sollen wir da den Weg nach oben finden?“

„Sam hat Recht“, stimmte Tamia mir zu. „Habt ihr bemerkt, dass wir uns an einer Weggabelung befinden? Wie sollen wir wissen, welche Richtung wir einschlagen müssen?“

Ich sah, wie Eréndira Yaku einen besorgten Blick zuwarf und Tamia sanft über den Kopf streichelte. Da griff Antay nach seiner bunt bestickten Tasche und wühlte darin herum. Nach einer Weile zauberte er eine Thermoskanne und sechs Becher daraus hervor. Diese Lamas waren echt auf alles vorbereitet! Der Koka-Tee, der in der kalten Luft dampfte, belebte uns wieder ein bisschen. Der Daily Lama zeigte uns, wie man den Geschmack des Tees auf der Zunge besonders gut auskosten konnte. „So mache ich es immer bei den leckeren Meerschweinchen.“ Ich schüttelte mich, doch dann probierte ich den Ratschlag aus, während der Tee meinen Bauch wärmte.

Eine Weile konzentrierten wir uns nur auf den Tee und schlossen beim Trinken die Augen. Hin und wieder hörte man ein leises Schmatzen. So schmeckte der Tee viel intensiver und es tat gut, sich ein wenig von den Strapazen abzulenken.

Irgendwann fragte ich in die Stille: „Hat inzwischen jemand eine Idee, wie wir weitermachen sollen?“

Auf Tamias Gesicht breitete sich ein Lächeln aus. „Wir könnten uns doch an den Sternen orientieren!“, rief sie. „Erinnert ihr euch noch, als Eréndira uns die Milchstraße gezeigt hat?“

Ich suchte den Himmel ab, bis ich sie fand. Das Sternenband leuchtete richtig hell.

Der Daily Lama zeigte nach oben und sagte stolz: „Und ich erinnere mich, dass der dunkle Fleck in Form eines Lamas nach Norden gezeigt hat."

Ich war beeindruckt von seinem Gedächtnis, und Tamia rief: „Also müssen wir in diese Richtung weiter!"

Während wir die Sterne beobachtet hatten, waren auch die klugen Lamas auf eine Idee gekommen. Sie hatten aus Ästen Fackeln gebastelt, entzündeten sie und verteilten sich so zwischen uns, dass es hell genug war, um den Weg erkennen zu können. Der Einfall verlieh uns neue Kraft und wir begaben uns erneut auf den Weg. Wir kamen eine Stunde lang ganz ohne Pause voran.

Gerade, als wir wieder verschnaufen wollten, stieß mich Tamia in die Seite. „Sam, fällt dir etwas auf?"

Ich zuckte mit den Schultern, doch dann merkte ich es – wir liefen nicht mehr bergauf! Der Boden war eben. Wir hatten es tatsächlich geschafft!

Gerade in diesem Moment zog eine Wolke am Mond vorbei und im hellen Mondschein sahen wir, dass wir uns auf einem Platz, umgeben von hohen Mauern, befanden!

„Ist das hier etwa eine Inkafestung?", rief Tamia ganz aufgeregt.

Auf dem Plateau standen hohe Mauern und die Überreste von Häuschen, denen fast immer das Dach fehlte. Tamia lief ein Stück auf der Bergkuppe, bis sie direkt vor einer Mauer stand, vor der sich ein großer Pfeil aus roten Steinen befand. Genau wie vor ein paar Tagen beim Machu Picchu!

Ich betrachtete die Mauer, während ich ihr näherkam. „Tamia, irgendetwas muss hier sein. Schau mal, der Pfeil!", und zeigte auf die rote Form. „Irgendwas hat es mit der Mauer auf sich", überlegte ich laut. „Inkamauern sind doch immer komplett regelmäßig und passen genau ineinander. Doch hier ist ein Stein in der Mitte, der passt überhaupt nicht! Schau mal, er ist ganz rund, obwohl die anderen Steine alle eckig sind."

Die Lamas verfolgten unsere Unterhaltung, als wäre es ein spannender Kinofilm. Der Daily Lama untersuchte nun ebenfalls neugierig die Mauer.

Tamia murmelte erschöpft: „Ach, Sam, dafür bin ich jetzt zu müde. Das können wir uns ja morgen nochmal anschauen. Lass uns erstmal rausfinden, wem wir hier die Botschaft übergeben sollen."

Mit diesen Worten setzte sie sich langsam auf den Boden, lehnte sich müde gegen die Wand und berührte mit dem Kopf genau den Stein, den ich gemeint hatte. Ich sah, wie die Lamas die Augen aufrissen, denn in die Mauer war Bewegung gekommen. Tamia war plötzlich wieder hellwach und sprang auf. Wie auf unsichtbaren Schienen gezogen, glitt die Mauer zur Seite. Was befand sich dahin-

ter? Ich konnte schemenhaft etwas erkennen, das etwa so groß war wie ein Lama. Wir gingen näher heran und beleuchteten mit unseren Fackeln das Gebilde. Es hatte drei Stufen. Tamia stieß einen Schrei aus: „Das ist der Intihuana-Stein!“

Tatsächlich! Ich berührte ihn vorsichtig, er fühlte sich unter meinen Händen ganz glatt an, und strich über die verschnörkelten Gravuren. In hellen Mondschein getaucht, besaß der Stein eine geheimnisvolle Aura. Tamia nahm mich an der Hand und gemeinsam rannten wir um den Stein herum. Wir stießen ein paar Jubelschreie aus und die Lamas fielen mit ein.

Schließlich standen wir in einem Kreis um den schweren Stein versammelt, der zwischen uns in die Höhe ragte. Eine Weile betrachteten wir ihn einfach nur andächtig.

Plötzlich fiel Tamia ein: „Was ist eigentlich mit der Botschaft, die wir überbringen sollten?“

Antay trat nach vorne: „Die könnt ihr uns übergeben.“

Verwirrt sah Tamia mich an. Zögerlich holte ich die Schriftrolle hervor und überreichte sie Antay. Der räusperte sich, rollte die Schriftrolle auf und las vor:

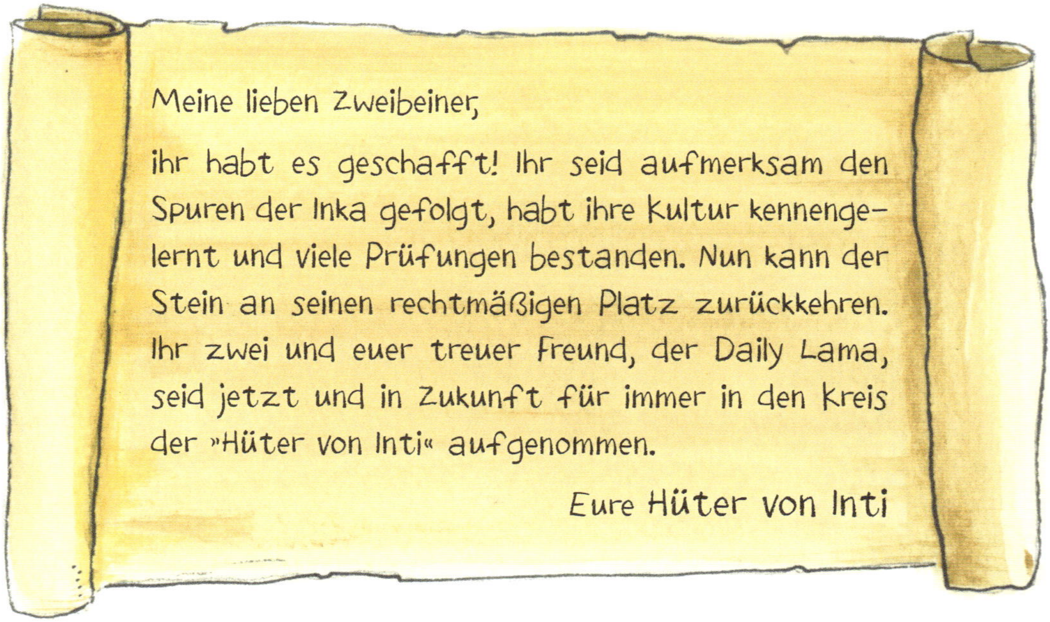

Meine lieben Zweibeiner,

ihr habt es geschafft! Ihr seid aufmerksam den Spuren der Inka gefolgt, habt ihre Kultur kennengelernt und viele Prüfungen bestanden. Nun kann der Stein an seinen rechtmäßigen Platz zurückkehren. Ihr zwei und euer treuer Freund, der Daily Lama, seid jetzt und in Zukunft für immer in den Kreis der »Hüter von Inti« aufgenommen.

Eure Hüter von Inti

Tamia flüsterte: „Was? Die Botschaft war für uns?"

Ich flüsterte zurück: „Ich verstehe es auch nicht! Wer sind die Hüter von Inti?"

Nun traten die Lamas geschlossen vor uns. Nur der Daily Lama stand abseits, er schien genauso überrascht wie wir.

„Wir sind die Hüter von Inti!", riefen die Lamas im Chor. „Wir beschützen die Heiligtümer aus der Inkazeit."

Plötzlich setzten sich die Puzzleteile in meinem Kopf zusammen. Deswegen hatten sich die Lamas nach und nach unserer Reisegruppe angeschlossen. Sie wollten sichergehen, dass wir auf dem richtigen Weg gewesen waren und hatten uns beim Lösen der Aufgaben beobachtet! Diese Schlingel!

Der Daily Lama räusperte sich: „Ähm, und wieso war ich nicht in dieses Geheimnis eingeweiht? Schließlich bin ich auch ein Lama und noch dazu berühmt!" Er klang etwas beleidigt.

Yaku klopfte ihm beschwichtigend auf die Schulter: „Naja, gerade, weil du so fixiert auf deinen Videokanal und den ganzen Rummel warst."

Der Daily Lama war etwas verschnupft. „Es war wirklich eine tolle Schnitzeljagd, die ihr da veranstaltet habt", gab er schließlich zu.

„Wir sind wirklich stolz auf euch!", jubilierte Eréndira. „Ich habe mir so oft Sorgen gemacht, ob ihr es schafft."

In meinem Kopf ratterte es, ich sagte: „Wartet mal, egal wie stolz ihr auf uns seid, ihr wart ja die ganze Zeit dabei, das heißt ..."

Tamia vollendete meinen Satz: „Ihr wusstet, dass wir im Amazonas auf der falschen Fährte waren und habt uns nicht von dieser Route abgeraten?" Ich konnte es gar nicht glauben. Antay seufzte: „Wir haben uns geschworen, nicht zu sehr einzugreifen. Ihr solltet selbst die Lösungen finden und so beweisen, dass ihr es verdient, richtige Hüter von Inti zu werden."

„Und was bedeutet es, ein Hüter von Inti zu sein?“, fragte Tamia nun. Sie schien sich schneller von der Überraschung erholt zu haben als ich.

Antay sagte mit stolz geschwellter Brust: „Die Hüter von Inti sind ein Lamazirkel, der die Kultur der Inka beschützt. Machu Picchu ist ein gutes Beispiel dafür.“

Yaku fügte hinzu: „Genau, wir wollen nicht, dass die Touristen nur alles fotografieren und ihren Müll liegen lassen, wir wollen, dass sie unsere Kultur wertschätzen und richtig kennenlernen.“

Eréndira lächelte uns warmherzig an: „Und da ihr jetzt als erste Zweibeiner in diesem Kreis aufgenommen seid, könnt ihr uns helfen, diese Botschaften an die anderen Zweibeiner weiter zu geben. Doch darüber werdet ihr in den nächsten Tagen mehr erfahren.“

Ich war völlig geplättet, doch Tamia fragte besorgt: „Aber wie transportieren wir jetzt den Stein nach Machu Picchu?“

Die Lamas beruhigten uns: „Das lasst mal unsere Sorge sein. Wir schaffen das schon.“

Hm, der Stein sah wirklich zu groß aus, um ihn zu transportieren, auch für starke Lamas. Doch ich war zu müde, um weiter darüber nach zu denken. Wir hatten den Stein gefunden und das war das Wichtigste. Mit letzter Kraft suchten wir uns ein Steinhäuschen, das mir im erschöpften Zustand vorkam, wie der gemütlichste Ort der Welt. Dort wickelten Tamia und ich uns in die Alpakadecken und Ponchos und kuschelten uns an den Daily Lama.

Was Konzentrationsscheinwerfer sind, findest du auf Seite 95 heraus.

Wie sogar der Bürgermeister die Inka kennenlernen wollte

So aufgeregt war ich schon lange nicht mehr gewesen! Ich stand am höchsten Punkt von Machu Picchu und schaute ins Tal. An diesem Vormittag strahlte die Sonne, die hoch am Himmel stand, mit ganzer Kraft auf die eindrucksvolle Landschaft. Tamia hielt meine Hand und gemeinsam sahen wir auf die umliegenden Berge und den wilden Urubamba-Fluss. Wir standen genau neben dem Intihuana-Stein. Wie durch ein Wunder, so schien es, war er wieder an seinen alten Platz gelangt.

Als Tamia und ich auf der Hochebene bei der Inkafestung eingeschlafen waren, hatten die Lamas uns kurzerhand auf ihre Rücken geladen. Als wir aufgewacht waren, fanden wir uns am Machu Picchu wieder! Und der Stein hatte über der Festung gethront, als wäre er nie weg gewesen! Ich hatte keine Ahnung, wie die Lamas es geschafft hatten, uns und den Stein wieder hierher zu transportieren – und das auf diesen schmalen Pfaden! Vor allem ohne, dass wir aufgewacht waren! Vielleicht war das ja das Geheimnis hinter der Bauweise der Inka, sie hatten Lamas mit Superkräften zur Hilfe gehabt. Bei dem Gedanken musste ich schmunzeln.

Seit unserer Ankunft hier waren bereits ein paar Tage vergangen. Antay hatte uns wieder in seine Hütte eingeladen. Dort hatten Tamia und ich erstmal viele Stunden geschlafen und uns von der anstrengenden Reise erholt. Doch dann wurde es wieder aufregend. „Die Hüter von Inti“ hatten eine große Einweihungsfeier für den Intihuana-Stein geplant. Und da wir jetzt ebenfalls Hüter waren, hatten wir alle Hände voll zu tun gehabt. Während unseres Abenteuers war die Presse auf den fehlenden Stein aufmerksam geworden, doch keiner war dem Geheimnis des Intihuana-Steins auf die Spur gekommen. Für die Außenwelt sah es so aus, als wäre er wie durch Zauberhand wieder aufgetaucht.

Nun wollten wir die Gelegenheit nutzen, auf den Schatz der Inkakultur aufmerksam zu machen. Indigene aus den Anden, Bürger aus Cusco, wichtige Zeitungen und Fernsehsender waren zur Feier eingeladen worden. Sogar der Bürgermeister, der einen Flughafen hier in der Nähe bauen wollte. Sie alle sollten erfahren, warum der Stein verschwunden gewesen war. Es war ein Protest der Lamas gewesen, die dagegen waren, dass der Machu Picchu so von Touristen überrannt wurde. Sie wollten darauf aufmerksam machen, dass es in Peru noch viel mehr zu entdecken gab als den Machu Picchu und dass er mehr war als eine Hintergrundkulisse für Selfies! Wir würden erklären, dass die Inkakultur nicht nur hier am Machu Picchu, sondern in ganz Peru zu finden war. Wir wollten die Touristen ermutigen, mehr über die indigene Kultur zu erfahren, dazu gehörten die Webkunst, die Sterndeutung und die Architektur der Inka. Der Daily Lama hatte die Idee gehabt, dass die verschiedenen Lamas aus dem Kreis der „Hüter von Inti“ Workshops anbieten könnten. Tamia und ich hatten in den letzten Tagen passende Plakate dazu gemalt. Von „Wie webe ich einen Poncho?“ über „Das Geheimnis der Milchstraße entdecken“ bis zu „Essen wie ein Inkakönig“.

Und heute war endlich der Tag der Einweihungsfeier gekommen. Wir standen seitlich von der Bühne und warteten auf unser Zeichen. Tamia hüpfte aufgeregt auf und ab. Mein Blick schweifte über die Menschenmenge. Ich kniff die Augen zusammen, als der Blitz eines Fotografen mich blendete. Tamia zwickte mich in den Arm. „Schau mal, Sam, da ist meine ganze Familie!“ Die Lamas hatten dafür gesorgt, dass der alte Abuelo Amuru auch dabei sein

konnte. Sie hatten eine Art Sänfte benutzt, um ihn den steilen Berg nach Machu Picchu hinauf zu transportieren. Was für ein Traum! Nie hätte Tamias Opa damit gerechnet, nochmal Machu Picchu sehen zu dürfen. Er nickte uns freudestrahlend zu und Tamia winkte ihm aufgeregt.

Da schlug Antay auf einen großen, bronzefarbenen Gong. Die Menge verstummte und alle Augen richteten sich auf uns. Tamia und ich sollten die Leute begrüßen und dann kurz von unserem Abenteuer erzählen. Und ich war gleich dran! Mein Herz klopfte ganz schnell, während wir auf die Bühne kletterten. Ich hatte Angst, dass meine Stimme vor lauter Aufregung wegbrechen würde. Als könne er Gedanken lesen, stupste mich der Daily Lama von hinten an und flüsterte: „Du schaffst das, Sam!“ Doch ich war mir nicht sicher. Würde ich das wirklich gut hinter mich bringen?

Schau mal, was Sam auf Seite 115 macht!

Ich berührte mein Amulett. Im Schnelldurchlauf sausten unsere Abenteuer durch meinen Kopf. Das Rätsel, das hier begonnen hatte, das Weben mit den Kindern des Bergvolks, das Deuten des Sternenhimmels mit der exotischen Eréndira, der gefährliche Amazonas mit seinen Kaimanen und die scheinbar unüberwindbare Brücke aus Gras. Wir hatten so viel gemeinsam geschafft! Ich begann auf meinen Atem zu achten, während Tamia und ich Hand in Hand auf die Mitte der Bühne zusteuerten.

In meinem Kopf wurde es ruhig und ich begann zu sprechen. „Herzlich willkommen, Bienvenido.“ Meine Stimme erklang klar und laut. Alles lief wie am Schnürchen. Die Gäste hingen an unseren Lippen und drängten uns, ganz genau von unseren Abenteuern zu berichten. Sie fieberten richtig mit! Manchmal kam auch ein Lama auf die Bühne und stellte Situationen nach. Die Menge war so gespannt, als Antay und Yaku den gefährlichen Balance-Akt über die Grasbrücke nachspielten, dass es ganz still wurde. Bei der Geschichte mit dem Kaiman gab es entsetzte Aufschreie aus dem Publikum. Tamias Mutter kletterte auf die Bühne, um ihre Tochter in den Arm zu nehmen.

Am Ende wollten alle Fotos mit uns und den Lamas machen. Wir hievten uns alle zusammen auf den Rücken des Daily Lama und grinsten in die Kamera. Als Antay, Eréndira, Yaku und ihre Lamafreunde die Workshops vorstellten, trugen sich viele Touristen sofort in die Teilnahmelisten ein. Ich sah, wie der Bürgermeister seinen Namen in die Liste „Essen wie ein Inkakönig“ eintrug.

Als der ganze Trubel etwas abgeklungen war, drängten wir uns durch die Menge zu Abuelo Amuru. Der saß immer noch auf seinem Tragestuhl und sah verträumt zum Intihuana-Stein hoch. Tamia schob sich schnell durch das Gedränge und erreichte Abuelo

Amuru vor mir. Ich sah, wie sie ihm eine Papierrolle in die Hand drückte. Als ihr Großvater sie öffnete, breitete sich ein Strahlen über sein ganzes Gesicht aus. Ich lächelte. Tamia hatte gestern im Abendlicht ihre Malutensilien ausgepackt und vollkommen konzentriert gezeichnet. Das Bild des Intihuana-Steins im Abendrot war wunderschön geworden. Jetzt war ich bei den beiden angekommen und Abuelo Amuru umarmte auch mich. Er strahlte uns an: „Ich bin so stolz auf euch! Vielleicht wisst ihr jetzt sogar besser über die Inka Bescheid als ich."

Tamia schüttelte lachend den Kopf: „Das geht doch gar nicht, Abuelo! Niemand ist so weise und klug wie du!"

Abends saßen wir mit dem Daily Lama und den anderen Intihütern ums Lagerfeuer, das wir neben dem Eingangstor von Machu Picchu entzündet hatten. Wir rösteten Maiskolben und schwelgten jetzt schon in den Erinnerungen an unsere Reise.

Tamia legte mir den Arm um die Schulter und murmelte: „Es ist so schade, dass du morgen schon nach Hause fliegst, Sam." Ich nickte und dachte daran, wie sehr ich Tamia, Peru und die Lamas vermissen würde. Doch ich freute mich auch unglaublich auf Ella und meine Mama.

„Vielleicht kannst du mich ja bald in Deutschland besuchen, das wäre toll!", schlug ich vor. Sie nickte, das klang nach einem guten Plan. Ich war auch gespannt, wann ich den Daily Lama wiedersehen würde. Doch irgendwas sagte mir, dass ich ihn nicht das letzte Mal gesehen hatte.

Am nächsten Nachmittag stand ich mit meinem großen Rucksack auf dem Rücken, eingehüllt in meinen Poncho am Flughafen. Der Rucksack wurde immer schwerer, denn Tamias Familie hatte ein Gastgeschenk nach dem anderen hineingestopft. Ich hatte das Gefühl, ich könnte nun meine ganze Klasse mit Alpakawollsocken versorgen. Nach einer letzten Umarmung – besonders Tamia und der Daily Lama wollten mich gar nicht mehr loslassen – lief ich zum Gate. Im Flugzeug umfasste ich mein Amulett und dachte daran, mit welcher Aufregung ich hier gelandet war. Jetzt sah ich auf meinen Poncho herunter. Hier war das Zeichen für Sonne, dort die Zeichen für Fluss und Vulkan und ein paar Flicken, wo ich an kratzigen Andensträuchern hängengeblieben war. Er erinnerte mich daran, was wir erlebt hatten und was ich alles schaffen konnte. Ich sah aus dem Fenster und das Flugzeug hob ab.

80 SESAMSTRASSE Deutschland 2020

Liebe Tamia, lieber Daily Lama,

ich bin gut in Deutschland angekommen! Mama hat mich am Flughafen mit dem Poncho und so braungebrannt fast gar nicht erkannt. Sie hat sich sehr über die Alpakasocken gefreut und auch meine ganze Klasse hat jetzt warme Füße. Auch ohne Dschungel und Grasbrücken gibt es hier viele Gelegenheiten, in denen ich mich genauso hoch konzentrieren muss wie bei unserer Jagd nach dem Intihuana-Stein. Zum Beispiel letzte Woche beim Handball, als ich den entscheidenden Treffer gelandet habe.

Abends nehme ich oft mein Amulett in die Hand und denke an unsere gemeinsamen Abenteuer. Geht es euch gut in Peru? Ich hoffe, wir sehen uns bald wieder, ich vermisse euch beide!

Liebe Grüße

Euer Sam

A Tamia Huanchaca
& Daily Lama
Avenida de los Andes
San Blas
Cusco 08003
Peru

P. S. Auf dem
Foto siehst du
Ellas Meer-
schweinchen.
Es schaut etwas
ängstlich,
es hatte Angst,
zu lecker
für euch auszu-
sehen. :D

Lieber Sam,

Wie geht's dir jetzt zu Hause, nach all den Aufregungen hier in Peru? Hast du dich schon mal gefragt, wie du all diese Abenteuer bewältigt und noch dazu so viel dazu gelernt hast? Ich muss heute noch lachen, wenn ich daran denke, wie du auf mir Tag und Nacht geritten bist! Und dein Spanisch klingt jetzt auch eher wie richtiges Spanisch! Übrigens hat der Konzentrationsguru inzwischen seinen Workshop nachgeholt. Krass, wie einfach das mit der Konzentration ist: Wenn man selbst bestimmen kann, was man sich vornimmt, dann ist man konzentriert und bleibt dran. Tamia und du, ihr wolltet unbedingt den Intihuana-Stein finden, weil ihr neugierig wart – nicht, weil irgendjemand euch das aufgetragen hat! Und nicht einmal ich hätte das von euch verlangt!

Das Geheimnis der Konzentration

von Dr. Barbara Steinhilber

Mit eigener Motivation fällt es uns viel leichter, uns zu konzentrieren und bei der Sache zu bleiben. Für eine gute Konzentration braucht es noch ein paar weitere Zutaten:

Der Konzentrationsscheinwerfer

Unsere Vorfahren mussten möglichst viel von dem wahrnehmen, was um sie herum passierte. Zu sehen und zu hören, ob sich gerade ein Tier nähert, ob sich das Wetter ändert oder beim Durchstreifen des Waldes die Beeren und Kräuter zu entdecken, all das war notwendig fürs Überleben in der Natur. Über diese Fähigkeit zur wachen Aufmerksamkeit verfügen wir auch heute noch.[1] Wollen wir uns jedoch mit etwas genauer beschäftigen, müssen wir uns darauf konzentrieren. Dann können wir nicht mehr alles gleichzeitig wahrnehmen, wir fokussieren unsere Aufmerksamkeit. Das ist, wie wenn ein Schauspieler auf einer Bühne mit einem Scheinwerfer angeleuchtet wird. Alles um ihn herum befindet sich im Dunkeln, denn er steht im Mittelpunkt. Genauso richtet sich unsere Aufmerk-

1 Für Wissensdurstige: Wissenschaftler nennen dies Vigilanz. Diese generelle Wachheit wird von Noradrenalin gestützt, diesen Botenstoff haben wir schon beim Stress kennengelernt.

samkeit auf eine ausgewählte Aufgabe, wenn wir uns konzentrieren. Was sonst noch um uns herum los ist, wird gedämpft oder ganz ausgeblendet. Damit dies möglich ist, wird ein eigens dafür zuständiges Netzwerk im Gehirn aktiv[2]. Botenstoffe sorgen dafür, dass wir Aufmerksamkeit auf etwas richten und auch dabei bleiben[3].

Der Lichtkegel des Aufmerksamkeitsscheinwerfers kann sich auf alles Mögliche richten, er ist ja flexibel. Das hängt von der Entscheidung des Beleuchters ab, das sind wir ja selbst. Wann dein Aufmerksamkeitsnetzwerk im Gehirn anspringt, hängt zunächst von deinem Interesse ab. Du frühstückst mit deiner Mama, sie erzählt von der Arbeit, du isst dabei dein Müsli und denkst zwischendurch an die Pläne für den Nachmittag. Es klingelt, sofort bist du hellwach. Jetzt ist dein Aufmerksamkeitsnetzwerk angesprungen. Du bist neugierig, wer jetzt wohl kommt, das können doch eigentlich nur deine Freunde sein? Etwas Schönes zu erwarten macht uns konzentriert, etwas Unangenehmes allerdings auch. Wenn du beim

2 Das Aufmerksamkeitsnetzwerk wird dann aktiv, wenn uns etwas ganz besonders alarmiert oder wir etwas Schönes erwarten. Bei besonders neugierigen Menschen ist es häufig in Arbeit. Netzwerke entstehen durch Verbindungen von Nervenzellen untereinander. Je häufiger sie miteinander kommunizieren, umso dichter wird das Netzwerk. Sie bilden immer mehr Kontaktstellen aus und suchen sich immer mehr „Verbündete". Es ist ähnlich wie in den sozialen Netzwerken. Je mehr Kontakte du hast, umso dichter ist dein Netzwerk und umso schneller kommst du an Informationen. Vernetzung ist überhaupt der Trick, den das Gehirn ständig anwendet – fürs Gedächtnis, zum Lernen und für alle körperlichen Fähigkeiten.

3 In der Hirnforschung nennt man Botenstoffe Neurotransmitter. Sie sorgen dafür, dass Nerven untereinander kommunizieren. Der Botenstoff, der Aufmerksamkeit hervorruft und aufrechthält, ist Acetylcholin.

Klingeln befürchtest, es könnte der Hausmeister sein, der sich nach der eingeschlagenen Fensterscheibe im Keller erkundigt, bist du auch sofort hellwach, nervös und konzentriert. Denn jetzt gilt es, eine unangenehme Situation zu meistern.

Ausblenden

Was von deinem Scheinwerfer gerade nicht beleuchtet wird und im Dunkeln bleibt, blenden wir aus.

Hi Sam!

Im Nachhinein habe ich kapiert, wie gut du Ausblenden kannst! Erinnerst du dich noch daran, wie du auf Snapchat ein witziges Foto von dir mit Lamaohren hergestellt hast und so auf dein Handy konzentriert warst, dass du Tamia, die neben dir saß, gar nicht mehr wahrgenommen hast? Sie hat Nüsse gegessen, dabei knackte es, wenn sie die Schale auseinanderbrach; das Papier raschelte und sie schmatzte auch noch genussvoll. Aber du hast nichts davon mitbekommen! Auch dann nicht, als sie dir etwas Wichtiges über den Stein erzählte. Du hattest alles ausgeblendet und warst völlig gebannt von dem, was du gerade zusammengestellt hast. Da warst du wirklich konzentriert.

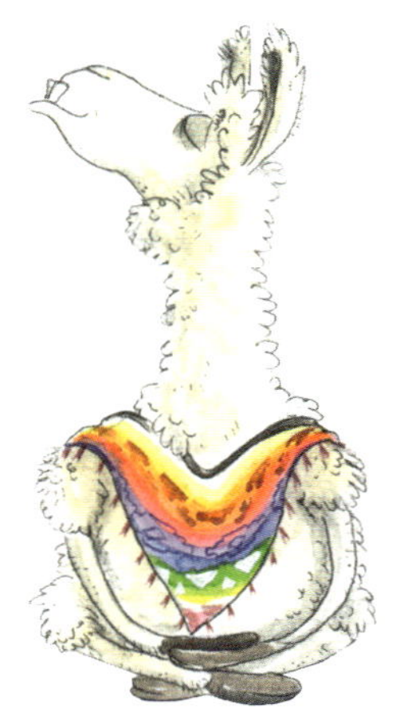

Tagträumen

Während einer Schulstunde aus dem Fenster herauszuschauen oder einfach mal vor sich hin zu träumen gilt als unkonzentriert. „Wo bist du gerade?“, heißt es dann oft. Auch wenn wir nicht bei der Sache sind, geschieht bei diesem Vorgang etwas Sinnvolles! Unser Gehirn schaltet in einen Standby-Modus[4] und verarbeitet.

Niemand kann sich stundenlang ohne Unterbrechung konzentrieren. Wenn wir auf die Welt kommen, ist unser Gehirn noch sehr ungeformt. Durch alles, was wir erleben und verarbeiten, werden Nervenzellen dazu angeregt, ein Netzwerk zu bilden. Auch das Aufmerksamkeitsnetzwerk muss sich erst entwickeln, es ist bei kleinen Kindern noch nicht so leistungsfähig. Als ganz grobe Faustregel gilt: Wir können uns doppelt so viele Minuten konzentrieren wie wir alt sind. Ein zweijähriges Kind kann sich etwa 4 Minuten auf eine Sache konzentrieren, dann beschäftigt es sich mit etwas anderem. Mit 10 Jahren macht das Gehirn nach 20 Minuten eine kleine Pause und braucht erstmal Erholung.

Super, oder? Regelmäßig Pausen von 10 Minuten machen und dabei an nichts denken ist gesund! Wir lassen unsere Gedanken spazieren gehen, und dann geht's weiter.

4 Für ganz Wissensdurstige: Dieser Standby-Modus kommt durch die Zusammenarbeit in einem eigenen Netzwerk im Gehirn zustande, dem Default-Mode-Network. Es wird aktiv, wenn das Aufmerksamkeitsnetzwerk ruht. Super ist es, wenn wir uns angewöhnen, uns eine bestimmte Zeit zu konzentrieren und dann für eine kurze Zeit abzuschalten.

Wir bewerten und ordnen, was wir gerade erlebt haben und sortieren, ob es zukünftig weiterhin nützlich ist. Es ist also völlig in Ordnung, wenn du mal zwischendurch einfach nichts tust. Gerade beim Lernen hilft es, kurz abzuschalten und an nichts Bestimmtes zu denken. Das heißt allerdings nicht, dass wir stundenlang zum Fenster hinaus träumen sollten, aber für einige Minuten ist es nützlich.

Noch was Wichtiges von meinem Superworkshop, Sam: Es gibt es einen Power-Störenfried beim Konzentrieren, der heißt »Ablenkung«. Weißt du, was ich meine?

Wenn du deine Hausaufgaben machen sollst, läuft das in etwa so: Du kannst nicht anfangen, bevor du nicht noch alle SMS gecheckt hast, dann fällt dir ein, du brauchst dringend etwas zu trinken, dabei springt dir in der Küche die Keksdose ins Auge. Hier nimmst du dir ein paar, denn sie schmecken einfach lecker! Auf dem Rückweg in dein Zimmer siehst du die leere Puddingschüssel, die du ja der Nachbarin zurückbringen wolltest, das machst du noch schnell. Dort gibt's ein frischgebackenes Hörnchen für dich und Frau Schulze fragt auch immer so nett, wie es dir geht. Wenn du wieder in dein Zimmer zurückkommst, musst du dich erstmal erinnern, was wollte ich hier eigentlich, ah ja, Mathe. Die Unlust ist gewachsen und es ist schon fast zu spät, um noch vor dem Training damit anzufangen. Ertappt? Hättest du wohl nicht gedacht, dass ich das so genau mitbekommen habe?

Kleiner Tipp von meinem Konzentrationsguru zu Mathe-Hausaufgaben: Gib dir selbst einen kleinen Ruck und sage dir: »Jetzt mach ich's«! Ohne Zögern holst du dein Matheheft raus, setzt dich an den Schreibtisch, stellst dein Handy auf Flugmodus und den Timer auf 15 Minuten. Während dieser 15 Minuten machst du nur Mathe, danach darfst du aufhören. Dann hast du nicht das Gefühl, dass der schöne Nachmittag ein endloser Mathemarathon ist. (Freiwillig darfst du natürlich jederzeit weitermachen!) Nach einer Woche schreibst du mir mal, ob das geklappt hat?

Die Ablenkungsbremse

Wieso sind wir eigentlich so ablenkbar? Wir folgen dem nächstliegenden, weil es uns mehr Vergnügen macht. Sehr verständlich, nur – das, was wir uns vorgenommen haben, können wir so nicht zu Ende bringen. Um Konzentration aufrechtzuerhalten, braucht es das, was die Psychologen „Impulssteuerung" nennen. Darunter versteht man, dass man nicht jedem Einfall folgt. „Ach, ich würde lieber das machen", denkst du vielleicht, wenn du gerade etwas Langweiliges machst, aber die Impulsbremse hält dich zurück und du bleibst bei der Sache. Zu Impulssteuerung gehört auch, dass man aufmerksam ist wie ein Wachhund, damit man seine Aufgabe nicht aus den Augen verliert.

Fast alle Menschen haben mit Ablenkungen zu kämpfen, Kinder jedoch ganz besonders. Unser Gehirn springt auf Neues an und liebt Abwechslung, das ist ein Erbe der Evolution. Wenn wir bei der Sache bleiben wollen, braucht es eine „Impulsbremse", die verhindert, dass wir von einer neuen und aufregenden Sache zur nächsten springen. Diese Bremse ist uns nicht angeboren, wir müssen sie erst entwickeln. Kleine Kinder macht das oft wütend, die Schokolade wollen sie jetzt sofort und nicht erst nach dem Essen! Großen Kindern geht es oft nicht anders, nur geht's dabei nicht immer um Schokolade. Eher darum, nicht sofort die neueste SMS zu lesen.

Die Impulsbremse nutzen wir im Alltag: beim Zuhören, wenn wir so dringend selbst etwas zu sagen hätten, beim Essen, wenn die nächste Portion so verlockend ist, bei einem Streit, wenn wir am liebsten zuhauen oder etwas Boshaftes sagen würden. Manchmal ist die Bremse, die unsere Reaktion verlangsamt, aber auch eingerostet, und dann handeln wir zu impulsiv. Wir wissen aber, später würde es uns leidtun, und dieser Gedanke kann uns helfen, einfach mal kurz innezuhalten und durchzuatmen – so aktiviert man seine Bremse.

Überraschungen – die besten Wachmacher

Wenn wir etwas häufiger tun, entsteht Routine. Routinen sind sehr nützlich, sie sorgen dafür, dass wir nicht jeden Tag neu lernen müssen, unsere Schuhe zuzubinden, Zähne zu putzen und Fahrrad zu fahren. Zuviel Routine ist allerdings für unsere Konzentration ungünstig; das Gehirn beginnt sich zu langweilen und wird unaufmerksam. Wenn du zum Beispiel jeden Tag mit dem Fahrrad zur Schule fährst, wird dies Routine. Kannst du dich noch erinnern, ob du an der Kreuzung vor der Schule angehalten und nach rechts geschaut hast? Wer kam dir da entgegen? Bist du abgestiegen? Meistens nehmen wir nicht wirklich bewusst wahr, was um uns herum geschieht,

Hi Sam,

jetzt habe ich kapiert, warum wir so gerne auf dem Smartphone herumdaddeln! Unser Gehirn ist süchtig nach Neuigkeiten. Dann ist es beschäftigt und wach. Und wenn es überrascht wird, ist die Aufmerksamkeit am höchsten. Als ihr mich im Zug entdeckt habt, war ich plötzlich sehr wach!

Der Konzentrationsguru sagte, man könne Aufmerksamkeit trainieren und dafür sei es gut, jeden Tag eine seiner Routinen zu verändern. Zum Beispiel mit der anderen Hand die Zähne putzen, einen anderen Schulweg nehmen, etwas anderes essen oder etwas Verrücktes anziehen. Du wirst sehen, beim Zähneputzen musst du ganz schön aufpassen, um dir nicht weh zu tun, und mit einer verrückten Mütze musst du dir zu den Spötteleien deiner Freunde einiges einfallen lassen. Macht wach!

weil wir unseren Weg ja kennen und unser Gehirn auf Autopilot gestellt ist. Mit Sicherheit aber würdest du dich genau erinnern, wenn jemand in einem Sportwagen mit rasanter Geschwindigkeit an dir vorbeigebrettert wäre. Und besonders wach würde es dich machen, wenn du ein Lama erkannt hättest.

Die magische Kraft der Motivation

Warum nehmen wir diese Anstrengung auf uns, wie Bruchrechnen, die vielen englischen Vokabeln zu lernen, einen Aufsatz zu schreiben oder beim Klavierspielen immer wieder dieselbe schwierige Stelle zu üben? Insgeheim erwarten wir eine Belohnung[5], auch wenn uns das oft gar nicht bewusst ist. So kann es sein, dass unsere Eltern sich über gute Schulnoten freuen, dass unsere Lehrerin plötzlich überrascht ist oder dass die Großeltern als Belohnung ein paar Euro schicken. Für Anerkennung oder auch Bewunderung sind wir immer zu haben, für ein gutes Referat etwa oder dafür, dass wir schnell laufen oder weit springen können. Dabei springt unser Belohnungssystem an, das uns etwas Gutes erwarten lässt. Es kann auch sein, dass wir uns selbst etwas vorgenommen haben und es jetzt geschafft haben, was ein Gefühl von Glück auslösen kann. Manchmal klappt auch etwas längere Zeit nicht, und wir versuchen es immer wieder. Wenn es dann doch gelingt, freut sich das Belohnungssystem ganz besonders.

5 Für Wissensdurstige: Unser Gehirn verfügt über ein Belohnungssystem. Die Erwartung einer Belohnung motiviert uns, uns dafür anzustrengen. Der Botenstoff, der in uns die Vorfreude auf eine Belohnung auslöst, ist Dopamin.

Motivation als Antrieb ist in uns angelegt, so etwa wie Hunger. Instinktiv sorgen wir dafür, dass es uns gut geht. Eltern und Lehrer können keine Motivation in uns erzeugen. Ebenso wie man niemandem beibringen kann, Hunger zu haben. Allerdings kann einem etwas den Appetit verderben, so ist es mit der Motivation auch! Motivation erlischt zum Beispiel, wenn eine Aufgabe für uns zu schwer ist oder zu lange dauert. Das entmutigt.

Sehr hohe Ziele, die fast unerreichbar scheinen, können allerdings auch zu großen Leistungen anspornen. Einer der weltbesten Pianisten unserer Zeit, der chinesische Pianist Lang Lang, hat sich als kleiner Junge vorgenommen, ein berühmter Pianist zu werden. Er hat alles, wirklich alles, an Disziplin und Arbeit eingesetzt, viele Opfer dafür gebracht und sich völlig aufs Üben konzentriert. Er entwickelte eine unfassbare Virtuosität. Seine eigene Motivation war der Antrieb hierfür.

Was hast du dir eigentlich davon versprochen, Sam, nachdem ihr die Schriftrolle in der Amphore gefunden hattet und ihr euch spontan dazu entschlossen habt, auf die Suche nach dem Stein zu gehen? Die Inkakultur hat dich fasziniert und du wolltest etwas davon direkt mitbekommen, nicht nur durch Lesen. Und du wolltest etwas Aufregendes erleben, gib's zu!

Und wärt ihr alleine gewesen, wärt ihr bestimmt überfordert gewesen. Aber ich war ja bei euch! Von einem Meister der Entspannung begleitet zu werden, gibt ja ganz schön Sicherheit! Abgesehen davon, dass wir Lamas euch auch noch den Berg hinaufgeschleppt haben!

Begeisterung

Sam, wie kommt es eigentlich, dass du stundenlang Handball spielen kannst, ganze Nachmittage beim Training verbringst und bis zur völligen Erschöpfung durch die Halle rennst - und das alles freiwillig? Dabei bemerkst du nicht mal, wie ausgepowert du schon bist. Die Antwort lautet: Es macht dir unglaublich Spaß! Du denkst ja dabei nicht nur ans Gewinnen, sondern auch an das Rennen und Werfen, mit deiner Mannschaft die Lücken beim Gegner zu entdecken - all das versetzt dich in Hochstimmung. Du bist eben ein begeisterter Handballspieler.

Ähnlich ergeht es anderen, wenn sie ein Bild malen, ein Baumhaus bauen, Gitarre üben, eine selbst erfundene Pizza backen: Während sie es tun, macht es ihnen Freude. Die Motivation stellt sich ganz von alleine ein. Hier stellen wir auch fest, dass nicht alle dieselben Tätigkeiten schön finden. Da gibt es große individuelle Unterschiede, wofür wir uns begeistern. Zum Glück!

Weniger glücklich macht es viele Schüler, wenn sie manches überhaupt nicht interessiert. Daraus werden oft mühsame Pflichtprogramme. Diese machen nicht unbedingt Vergnügen, allerdings kann man dabei auch Wichtiges lernen: Durchzuhalten und die Impulsbremse zu ölen.

Um für etwas Begeisterung zu entwickeln, muss man experimentieren dürfen. Dazu gehört auch, dass zwischendurch etwas nicht klappt. Dass ein gemaltes Bild nicht annähernd so wird, wie wir uns das vorgestellt haben, dass das Baumhaus zusammenkracht und die selbst kreierte Pizza scheußlich schmeckt. Wenn wir Misserfolge immer vermeiden müssten, würden wir unsere Begeisterung im Keim ersticken.

Neues mit Bekanntem verknüpfen

Unser Gehirn möchte Neues mit Bekanntem verbinden. Beim Lernen verknüpfen wir Inhalte auch, denn sonst hätten wir nur eine Aneinanderreihung von Einzelheiten im Kopf. Das würde uns sehr verwirren. Das Gehirn ist ein großes Netzwerk, in dem alles miteinander verbunden ist. Wenn wir also schon ein wenig über ein neues Thema wissen, findet das Gehirn schnell Anknüpfungspunkte zu bereits Bekanntem. So steigt unser Interesse an einem neuen Thema, je mehr wir darüber bereits wissen. Auch was wir schon erlebt haben und was uns etwas bedeutet, spielt eine Rolle. Was wir verknüpft haben, können wir uns merken, so entstehen Zusammenhänge.

Stell dir vor, Sam, du würdest alle Länder dieser Erde aufsagen können, hättest aber keine Ahnung davon, dass die Erde eine Kugel ist und einen Nord- und einen Südpol hat, dass der Äquator in der Mitte ist, dass es Ozeane und Kontinente gibt, dann könntest du dir nichts unter all dem Wissen vorstellen. Da du in der Schule vom Kontinent Südamerika gehört hast, hattest du eine ungefähre Vorstellung davon, wo Peru liegt. So konntest du im Atlas das Land finden. Danach hast du noch mehr über Peru erfahren. Auf Google Earth konntest du dir das Land von oben anschauen, die Nachbarländer, die Flüsse und Gebirge sehen. Das große Gebirge, die Anden, hast du auf dem Flug sofort wiedererkannt! Lernen ist so ähnlich, wie wenn man Puzzlestücke zusammenlegt. Man sieht mit jedem neuem Puzzlestück mehr vom großen Ganzen.

PERU
Amazonas
Chiclayo
Trujillo
Dorf der Queros
Lima
Cusco
Machu Picchu
Q'iswachaka-Brücke
Ruinen von Raqchi
Nasca-Linien
Titicaca See
Vulkane von Arequipa

Fehler sind Konzentrationshilfen

Dass wir aus Fehlern lernen, ist zwar eine Binsenweisheit, allerdings eine wissenschaftlich bestätigte. Wenn wir Fehler gemacht haben, sind wir anschließend in dieser Sache besonders aufmerksam, können uns mehr merken und sind beim nächsten Mal weniger gestresst. Das heißt, ausprobieren, Fehler machen und es nochmal oder auch anders versuchen, sind wichtige Abläufe beim Lernen und bei der Konzentration. Wenn wir dauerhaft unter Anspannung stehen, um Fehler zu vermeiden, sind wir im Stress.

Im Erwachsenenleben ist dies etwas anderes, Erwachsene haben ja auch schon viel geübt. Bei Ärzten und Krankenschwestern zum Beispiel, bei Statikern, Bauingenieuren und Autokonstrukteuren ist fehlerfreie Arbeit natürlich wichtig.

Nicht einmal ich mache alles richtig, Sam! Nur noch auf den Videokanälen unterwegs zu sein war eine weniger gute Entscheidung. Und wie du das Seil interpretiert hast und uns alle durchs Amazonasgebiet geschickt hast auch nicht! Im Nachhinein ist man eben immer schlauer, ist ja kein Kunststück!

Ziele setzen

Sich ein Ziel zu setzen ist gut für die Konzentration. Am besten ist es, sich nicht zu viel vorzunehmen, sondern gerade so viel, wie man auch hinbekommen kann. Viele Ziele werden ja von außen von Eltern und Lehrern vorgegeben. Wenn sie für uns zu hoch sind, fühlen wir uns überfordert. Es entsteht ein innerer Druck, der nimmt uns die Lust zum Weitermachen. Übrigens - wenn Ziele zu klein sind, passiert dasselbe, Unterforderung macht genauso lustlos.

Sam, probier doch mal Folgendes aus (Tipp vom Guru):

Bis nächste Woche möchtest du 10 Spanischvokabeln können. Dafür nimmst du dir jeden Tag 5 Minuten Zeit. Wenn es nicht funktioniert, kannst du das Experiment variieren, indem du dir nur 8 Vokabeln vornimmst oder jeden Tag 6 Minuten. Und dann schaust du mal nach einer Woche, ob es geklappt hat. So lernst du, deine Ziele auf dich selbst passend zuzuschneiden.

Lernen im Schlaf

Hallo Sam,

ich habe noch was Wichtiges von meinem Guru erfahren: Wir lernen im Schlaf! Also das mit dem Vokabelheft unterm Kopfkissen ist leider ein Gerücht, aber unser Gehirn arbeitet nachts und prägt sich ein, was wir am Tag gelernt und geübt haben. Es ist sogar kreativ und verknüpft miteinander, was wir gelernt und erlebt und gefühlt haben. Sehr freundlich von ihm, vorausgesetzt wir stören es nicht dabei. Also, mach doch mal rechtzeitig abends das Licht und die Musik aus, damit dein Gehirn loslegen kann. Übrigens, die Vokabeln, die du dir abends nochmal angeschaut hast, kannst du am nächsten Morgen besser.

Dass man für guten Schlaf tagsüber viel Bewegung und Sport braucht, muss ich dir ja nicht sagen, du rennst im Training ja ohnehin ständig mit deinem Ball durch die Halle. Auf unserer Reise haben wir ja auch immer wunderbar und tief geschlafen. War ja auch kein Wunder bei all den Anstrengungen![6]

6 Während bestimmter Phasen des Schlafes verarbeitet unser Gehirn Informationen und speichert sie ab. Fertigkeiten, z. B. Weben, Sport oder ein Instrument spielen oder auch Spanisch oder Mathe lernen, werden im Schlaf geordnet und gespeichert. Wir durchlaufen rhythmisch unterschiedliche Schlafphasen, in denen aussortiert und gespeichert wird. Werden diese Schlafzyklen häufig unterbrochen oder ist die Schlafzeit insgesamt zu kurz, kommt es zu Konzentrationsstörungen.

Müssen Lamas auch in die Schule gehen?

Alle Lebewesen sorgen für gute Bedingungen für ihren Nachwuchs. Bei vielen Tierarten sind die Jungen sehr schnell alleine überlebensfähig, am längsten brauchen Säugetierkinder. Sie werden hilfsbedürftig geboren und müssen erst lernen zu überleben. Das Ziel ist immer die Selbstständigkeit. Einige Entwicklungsschritte sind von Natur aus angelegt, wie zum Beispiel das Laufen lernen, andere, wie die Nahrungssuche, werden durch Nachahmung gelernt. Unter den Säugetieren wiederum haben wir Menschenkinder die längste Entwicklungszeit. Daher gehen wir im Vergleich zu Wölfen, Bären, Katzen, Mäusen und Lamas auch ziemlich lange in die Schule. Wir lernen durch nachahmen, wiederholen, ausprobieren, Fehler machen, neu versuchen. Dadurch bilden sich unsere Netzwerke im Gehirn aus, die wir zeitlebens weiterentwickeln. Unsere Konzentration ist dann am höchsten, wenn wir unserer Neugierde und dem Ausprobieren folgen können. Wobei es keine große Rolle spielen darf, dass alles gleich fehlerfrei klappt. Unsere Impulsbremse wird gestärkt, wenn wir gelernt haben, dass es sich lohnt, etwas aufzuschieben. Um erlernte Fähigkeiten zu festigen - gute wie auch schlechte -, brauchen wir eine relativ lange Lehrzeit.

Letzte wichtige Weisheit von meinem Guru, Sam: Denke so oft wie möglich daran, was du alles kannst! Dabei zählt auch, wie du mit Klassenkameraden und Lehrern zurechtkommst und wie selbstständig du im Alltag schon bist und, und, und ...[7] Es wirkt noch besser, wenn du dich gerade hinstellst, fest auf deine Füße, ein paarmal sanft atmest und es dir dann vorsagst.

7 Ständige Beschäftigung damit, was man nicht kann, nimmt die Aufmerksamkeit in Beschlag und verhindert die Konzentration. Wird man stets nur darauf hingewiesen, was man nicht kann, entsteht automatisch ein negatives Selbstbild, das wenig Lust auf Neues macht.

Sieben weitere Tipps vom Daily Lama fürs konzentrierte Lernen

Wir können uns besser konzentrieren, wenn wir vorher selbst festlegen, wie lange wir lernen, bevor wir eine Pause einlegen. Bevor du mit den Hausaufgaben beginnst, entscheidest du, wie lange du an einer Aufgabe dranbleiben möchtest. Ist die Zeit abgelaufen, legst du eine Pause ein. Wirkungsvoll ist es, doppelt so lange in einer Lerneinheit zu bleiben wie du alt bist. Wenn du zum Beispiel zwölf Jahre alt bist, machst du nach 24 Minuten eine Erholungspause. Wenn du dich etwas länger konzentrieren kannst, umso besser.

Die folgenden sieben Empfehlungen kannst du in den Pausen ausprobieren oder auch zwischendurch, wenn es mal nicht weitergeht. Und wenn du mit den Hausaufgaben fertig bist, packe am besten gleich deine Schultasche für den nächsten Tag, mach sie zu und raus geht's!

1 Wenn nichts mehr in deinen Kopf hinein will:

Gönn dir drei Minuten Pause und schau zum Fenster hinaus, ohne irgendetwas dabei tun zu müssen. Du beobachtest, was du gerade möchtest, träumst nur vor dich hin und denkst, was dir gerade in den Sinn kommt. Nach drei Minuten atmest du ein paarmal tief ein und aus und – weiter geht's!

2 Wenn ständig Gedanken in deinem Kopf herumschwirren:

Mach für drei Minuten Pause, schau dich im Zimmer um und benenne Gegenstände in deiner Umgebung mit Namen und Farben. Etwa so: „Weiße Lampe, hellgrüne Bettdecke, silberner Computer, grauer Bilderrahmen, verfaulter Apfel, ach nein, brauner Apfel…“ Danach bist du wieder zentriert. Übrigens ist diese Übung auch lustig zu zweit, sogar wenn ihr sie gleichzeitig macht!

3 Wenn du richtig sauer wirst, dass du dich mit so lästigen Aufgaben beschäftigen sollst:

Setze dich stabil auf deinen Stuhl und trommle zunächst mit den Fußballen auf den Boden, dann mit den Fersen. Solange bis der Ärger rausgetrampelt ist und – weiter gehts!

4 Wenn du das Gefühl hast, deine Augen werden müde:

Strecke eine Hand aus, mit dem Daumen nach oben, und schaue ihn genau an. Dann führst du die Hand in Richtung deiner Nase und schaust weiterhin auf den Daumen. Während du die Hand wieder ausstreckst, fixierst du weiterhin den Daumen. Das ist wie beim Zoomen mit der Handykamera. Anschließend kannst du – ohne den Kopf zu bewegen – nach rechts und links und oben und unten schauen. Immer nur soweit es ohne Anstrengung geht.

5 Wenn du dich beim Lernen langweilst:

Strecke deine Arme seitlich aus, die Daumen nach oben. Dann drehst du den Kopf nach links und den rechten Daumen nach unten. Ganz langsam drehst du den Kopf nach rechts - dabei gleichzeitig den rechten Daumen nach oben und den linken nach unten. Atmen nicht vergessen!

6 Wenn es überall in dir zappelt und du ungeduldig bist:

Lege dich auf eine Decke auf dem Fußboden. Achte darauf, dass du genug Platz für die Arme hast, wenn du sie über dem Kopf ablegst. Jetzt lege beide Arme seitlich neben dich. Dann führst du - während du einatmest - den rechten Arm seitlich neben dem Körper nach oben über den Kopf. Beim Ausatmen führst du den Arm wieder neben dem Körper nach unten, sodass deine Handflächen mit Schwung auf den Boden kommen. Dasselbe machst du dann mit dem linken Arm. Das kannst du zehnmal wiederholen: Immer beim Einatmen mit dem Arm nach oben, beim Ausatmen kommst du wieder schwungvoll mit deiner flachen Hand auf dem Boden an. Und dabei rufst

du jedesmal „Nein“ oder „Mist“ (oder Schlimmeres). Gut ist es, wenn du dir dort, wo die Hände aufkommen, noch eine zusammengefaltete Decke unterlegst.

7 Ähnliches kannst du mit den Beinen probieren:

Sorge für weiche Unterlagen für deine Fersen, z. B. ein großes Kissen. Dann hebst du das rechte Bein beim Einatmen und lässt es beim Ausatmen nach unten sausen. Dasselbe machst du dann mit dem linken Bein und danach immer abwechselnd. Und jedes Mal rufst du auch hier wieder, wonach dir gerade zumute ist. Solltest du dich immer noch unruhig fühlen, versuch es doch mal mit Armen und Beinen gleichzeitig! Wenn du schon ganz fortgeschritten bist, kannst du es auch diagonal probieren, das linke Bein zusammen mit dem rechten Arm.

Autorinnen

Foto: privat

Saskia Gaymann

... ist 1979 in Freiburg geboren und in den neunziger Jahren in Rom aufgewachsen. Als Tochter des Cartoonisten und Zeichners Peter Gaymann traute sie sich nach dem Abitur nicht gleich, ihrer künstlerischen Begabung und Zeichenlust nachzugehen und damit in die Fußstapfen ihres berühmten Vaters zu treten. So arbeitete sie zunächst in unterschiedlichen Positionen für Kölner Fernsehproduktionen.

2008 wurde sie Mutter, hing ihren Job an den Nagel und wurde im Atelier ihres Vaters Assistentin. Die Lust, in dieser kreativen Atmosphäre selbst wieder zum Zeichenstift zu greifen, um eigene Figuren und Geschichten zu entwickeln, ließ nicht lange auf sich warten. Frech, neugierig, selbstbewusst und mit einem ganz breiten Grinsen im Gesicht; ihre kleinen und großen Helden werden mit Witz und unverkennbarem Strich auf Entdeckungsreise durchs Leben geschickt.

Inzwischen lebt Saskia Gaymann mit ihrem Mann und ihren zwei Kindern in Köln und arbeitet als Illustratorin und Cartoonistin. Sie hat zwölf Bücher veröffentlicht, z. B. „Wer hat Stella & Tom die Angst gemopst“ (medhochzwei Verlag, 2018) und „Mein lustiges Reisetagebuch“ (arsEdition, 2018).

www.instagram.com/saskia_gaymann

Foto: S.K.U.B. Fotostudio

Sarah Rondot

... berichtet seit ihrem 16. Lebensjahr für die Internetseite dilsberg.de und war als freie Mitarbeiterin für die Rhein-Neckar-Zeitung tätig. Nach einem dreimonatigen Praktikum bei der Rhein-Neckar-Zeitung sowie einem Auslandsaufenthalt in Chile machte sie ein Praktikum im Pressebereich des Jungen Theaters Heidelberg. Seit Herbst 2018 studiert Sarah Rondot Politik- und Wirtschaftswissenschaften an der Albert-Ludwigs-Universität in Freiburg und arbeitet als freie Mitarbeiterin für das Webportal fudder.de, das zur Badischen Zeitung gehört.

Foto: Julian Beekmann

Dr. Barbara Steinhilber

... ist 1953 geboren, Mutter von zwei Töchtern. Studium der Biologie und Philosophie, Promotion in Biologie. Mitbegründerin und langjährige Mitarbeiterin des Forschungsinstitutes IFEU. Seit 1998 mit tiefenpsychologischer Körperpsychotherapie, Paartherapie und körperzentrierten Heilverfahren in eigener Praxis tätig. Leitung von Seminaren zu Entspannung, Atemtherapie und Burnout-Vorsorge. Trainings in Teamleitung und Personalentwicklung. Seit 2006 Kursleitung für Studierende der Humanmedizin am Institut für Medizinische Psychologie der Universität Heidelberg, 2015 Einbindung der Kurse zu Entspannung und Psychoedukation in ein interdisziplinäres Forschungsprojekt. **www.praxis-steinhilber.de**

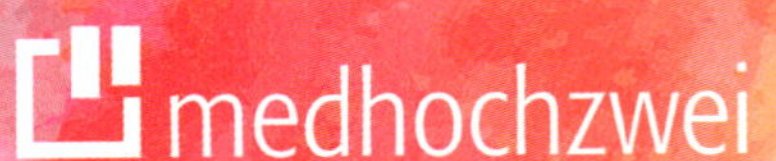

Das 1. Abenteuer mit dem DAILY LAMA

Jedes Kind braucht mal eine kurze Pause!

Digitale Ablenkung, Terminstress oder Hobbys und Freunde unter einen Hut bringen – das sind nur ein paar Beispiele für **Stressfaktoren im Alltag von Kindern.**

Es ist daher wichtig, Kindern Möglichkeiten zu bieten, **abzuschalten und sich zu entspannen.** Mit dem Daily Lama gelingt das spielerisch und mit ganz viel Humor. Eines Tages taucht er mit seinem bunten Poncho vor Sams Tür auf. Als Experte für Entspannung weist er Sam in spannenden und lustigen Alltagssituationen in **Meditation, Resilienz-Übungen und Techniken zur Stärkung des Selbstbewusstseins** ein. Das Beste ist jedoch, dass mit Sams neuem haarigen Freund von nun an vor allem eine Menge Spaß zur Tagesordnung gehört!

Beide Lama-Bände sind in viele kurze Kapitel eingeteilt und somit ideal für **kleine Vorleserunden.** Die einfachen aber effektiven Lama-Übungen für mehr Konzentration, für Ruhe und Entspannung, gegen Wut im Bauch u. v. m. lassen sich leicht in den Alltag integrieren.

Für einen entspannten Alltag und ausgeglichene, aufgeweckte Kinder!

auch als eBook verfügbar

Saskia Gaymann, Sarah Rondot & Barbara Steinhilber
Der Daily Lama
Wie Sam Freundschaft mit einem Lama schloss – Von Yogasitzen, Lamakötteln und großen Träumen
75 Seiten. Hardcover. € 24,99.
ISBN 978-3-86216-559-9

ENTSPANNUNG

Ob Sorgen, Frust oder Angst
MOPS MAMPFRED weiß immer Rat!

Wir alle können uns noch gut an die **Ängste aus unserer Kindheit** erinnern: der Riss in der Tapete, der sich in der Dunkelheit ganz sicher in eine gruselige Fratze verwandelt, der dunkle Keller, in dem das Monster hinter dem Kartoffelsack lauert, – aber auch ganz reale Ängste wie der erste Schultag an der neuen Schule oder das mulmige Gefühl, wenn die Eltern im Nebenzimmer streiten.

Später im Erwachsenenalter können wir diese Ängste einsortieren, vielleicht sogar nicht mehr nachvollziehen. Doch bis dahin ist es wichtig, Kindersorgen ernst zu nehmen und Krisen zu thematisieren – und das geht am besten mit einer schönen Geschichte, die uns und unseren Kindern in jeder schwierigen Lebenslage **Selbstreflexion und Gesprächseinstiege** ermöglicht, frei und ungezwungen, in einem sicheren Rahmen.

Auch Stella und Tom kennen sich mit Ängsten aus. Sei es die Arbeitslosigkeit von Stellas Vater, die sie sehr verunsichert, oder dunkle Kellerräume, in denen sich Stella und Tom ihrer Angst stellen … Allerdings müssen sie das nicht allein tun – an ihrer Seite ist der stets hungrige, aber gutmütige Mops Mampfred, der sie und ihre jungen Leser mit Rat und Tat unterstützt.

Leseprobe

Dr. Christian Lüdke
Wer hat Stella & Tom die Angst gemopst?
Geschichten, die Kinder stark machen
111 Seiten. Hardcover. € 24,99.
ISBN 978-3-86216-385-4

KINDERÄNGSTE